中国政府奖学金来华留学预科教育专用教材
教育部中外语言交流合作中心重点创新项目"科技汉语资源基地建设与应用"资助成果
新起点"中文+"系列教材

理工中文

Chinese for Science and Engineering

杜修平　尹晓静　编著

北京语言大学出版社
BEIJING LANGUAGE AND CULTURE UNIVERSITY PRESS

©2024 北京语言大学出版社，社图号 23259

图书在版编目（CIP）数据

理工中文 / 杜修平，尹晓静编著 . -- 北京：北京语言大学出版社，2024.5
　　ISBN 978-7-5619-6474-3

Ⅰ. ①理… Ⅱ. ①杜… ②尹… Ⅲ. ①汉语 – 对外汉语教学 – 语言读物　Ⅳ. ① H195.5

中国国家版本馆 CIP 数据核字（2023）第 243136 号

理工中文
LIGONG ZHONGWEN

责任编辑：王巧燕　赫　栗		**英文编辑**：侯晓娟　翟世权	
封面设计：张晶晶			
排版制作：北京宏森哥特商贸有限公司			
责任印制：周　燚			

出版发行： 北京语言大学出版社	
社　　址：北京市海淀区学院路 15 号，100083	
网　　址：www.blcup.com	
电子信箱：service@blcup.com	
电　　话：编 辑 部　8610-82303647/3592/3724	
国内发行　8610-82303650/3591/3648	
海外发行　8610-82303365/3080/3668	
北语书店　8610-82303653	
网购咨询　8610-82303908	
印　　刷：北京富资园科技发展有限公司	

版　　次：2024 年 5 月第 1 版	**印　　次**：2024 年 5 月第 1 次印刷
开　　本：889 毫米 ×1194 毫米 1/16	**印　　张**：13
字　　数：304 千字	
定　　价：72.00 元	

PRINTED IN CHINA
凡有印装质量问题，本社负责调换。售后QQ号1367565611，电话010-82303590

前　言

　　国际中文教育除通用中文教学外，专业学习用途中文教学（简称专业中文）也是其重要组成部分。专业中文依据学科领域大致可分为文科中文、理工中文（也称科技汉语）、经贸中文和医学中文等。专业中文的应用场景大概可以分为两个阶段：一是进入大学前的预科教育阶段，另一个是进入大学后的专业学习阶段。

　　据调查，理工类留学生在进入专业学习后，面临的最主要问题就是在阅读专业教材、理解课堂讲授内容以及完成书面作业等方面存在障碍，尤其是在听课及就专业相关话题做口头交流等方面困难重重。学生们普遍反映专业知识特别是掌握的专业词汇量极其不足，严重影响学习效果，甚至影响其顺利完成学业。由此可见，理工类留学生对理工中文词汇、理工中文教材、理工中文教学资源的需求非常迫切。

　　在来华留学本科预科教育中，理工类预科生是规模较大的群体。科技汉语是来华留学生预科（理工类）阶段的必修课，是预科普通汉语课和专业基础知识课衔接的桥梁。由于预科生入学时中文水平起点不高，预科学习时间较短（一般为10个月），在学生和教师都花费了极大精力和时间的前提下，专业中文的学习效果仍旧不够理想。预科生结业进入专业院校后，对专业中文的学习仍有很大需求。海外有些孔子学院定位为科技类孔子学院，有些院校开展科技汉语教学，对科技汉语教材、微课及语料等的需求也较强烈。因此，我们编写了这本理工中文（科技汉语）教材，主要面向来华留学本科一年级学生或预科教育高级阶段专业中文学习者。

　　本教材有如下几个特点：

　　首先，教材的编写基于对国内理工类本科一年级学生常用的数学、物理、化学、计算机等教材的梳理，通过构建面向中文授课的理工类专业留学生的科技汉语书面语语料库，整理出理工中文词汇表。通过对比分析《来华留学预科教育标准》理工中文一～三级专业词汇表与《国际中文教育中文水平等级标准》中一～六级词汇表，利用齐夫定律和词频累计占比等相关理论划出大概阈值，结合人工干预筛选出理工中文基础词汇及理工中文专业词汇。教材以数学、计算机、物理和化学等四个基础学科为主题划分板块，以词表为基础，凸显科学性和严谨性。教材复现了大量预科科技汉语和预科数学、物理、化学等专业课中的词汇，较好地衔接了预科教育和本科教育；同时大量吸收大学数理化课堂常用的科技词汇，为留学生的专业学习提供必要的语言支撑。

其次，教材编写以提高学生综合语言运用能力为目标，重在培养学生独立阅读大学理工类公共基础课教材、听懂大学理工类公共课程的能力。以阅读为主线，习题设计梯度化。模拟课堂教学，设计了听力部分的课文和习题，通过听力理解的输入，提高学生的理工中文听说能力。每章节最后一部分为科技语体写作练习，通过操练使学习者具备初步的科技文章书面写作能力。

再次，在配套资源方面，配有全部章节的PPT课件、习题及微课视频，并在线提供理工中文的补充语料，体现了我们提供预科后专业中文服务和建设科技汉语资源基地的意愿。

最后，教材编写遵循时代性和趣味性原则，以科普文章为主线，以科技话题为纲，选题丰富多样。部分章节中所包含的中国优秀传统文化以及当代科技成果的内容也是将语言、文化和理工知识结合的重要表现，使留学生在学习专业语言的同时，不仅可以了解中国科技的发展，同时可以透过不同侧面看到发展中的科技中国。

本教材由天津大学杜修平、尹晓静编著，杜修平负责全书整体设计、统筹以及部分章节编写工作，尹晓静负责统稿、审核以及部分章节编写工作。张云婧、宋倩、胡啸、杨馥铭、王雪梅、周子晗、陈王淼、施溯钰、张志彤、张启辉、王宜瑾、张田田等参加了编写工作。

本书的编写得到了教育部中外语言交流合作中心重点创新项目"科技汉语资源基地建设与应用"的项目资助，在此表示衷心的感谢。

由于时间仓促，编者水平有限，疏漏之处在所难免，敬请读者朋友批评指正，联系方式：duxiuping@tju.edu.cn。

作者
二〇二四年

教学建议

本教材以大学本科一年级数学、物理、化学及计算机等四个基础学科为板块进行内容划分，旨在通过课程学习扩充来华留学生科技汉语词汇储备量，提高其学习理工科课程应具备的阅读、听说和基础写作能力，将内容学习和语言技能训练融为一体。

一、课时安排

本教材共十五章，60篇课文，水平达到《来华留学预科教育标准》理工中文二级的学生，64学时可学完全部内容；水平达到《来华留学预科教育标准》理工中文三级的学生，48学时可学完全部内容。各院校也可根据学生水平、课程设置等实际情况自行确定学时数，建议每章教学时长控制在6学时以内。

二、教学建议

本教材每章节分为话题热身、词语储备、阅读训练、听说训练、能力拓展及词语进阶六个板块。其中，词语储备部分包含理工中文基础词汇和各章节涉及的学科词汇，是单元学习内容的基础性词语储备；阅读训练部分包含三篇文章，按照从文章一到文章三的顺序实施教学，根据不同的阅读需求和阅读方式分为精读、通读和略读课文；听说训练部分着重凸显语言能力的教学和训练，通过听力练习和活动，将学科知识和言语技能紧密结合；能力拓展部分重点培养学习者汉语语段和篇章的基础写作和表达能力；最后，词语进阶部分包含各章节三篇阅读和一篇听力文章所涉及的除词语储备部分词语以外的全部专业词汇、超纲词汇以及预科阶段所学习的科技词汇。这部分词汇可作为学生拓展词汇量、自主学习使用。

教学过程中建议遵循以下两个原则：

1. 以词汇为本，学以致用。

本教材编写的基础是对大学理工类基础课程教材语料分析后所得的科技汉语词语表，因此教学过程强调以扩大学习者科技词汇量、培养科技文章语感为主要目标，旨在辅助来华留学生在大学阶段更好地通过阅读和随堂听课完成学科学习。

2. 精泛结合，读听互促。

每个章节内主题相互关联，根据多重阅读技能培养的需要，本教材从篇章长度以及练习设计层面将三篇阅读文章加以区分。教师可以根据学生的学习特点合理分配课堂时间，引导学生通过不同的阅读方式完成阅读任务。听说训练部分的文章为构建互动式、研讨式课堂提供语料支撑，也可作为课外作业材料提供给学习者，方便其自行操练后参考书后文本检验学习效果。

目 录

第一章 北京冬奥会中的几何美学	1
一、话题热身	1
二、词语储备	1
三、阅读训练	3
四、听说训练	11
五、能力拓展	13
六、词语进阶	13

第二章 极限的奥妙	14
一、话题热身	14
二、词语储备	14
三、阅读训练	15
四、听说训练	25
五、能力拓展	26
六、词语进阶	27

第三章 数列与级数	28
一、话题热身	28
二、词语储备	28
三、阅读训练	29
四、听说训练	38
五、能力拓展	39
六、词语进阶	39

第四章 密码与矩阵	40
一、话题热身	40

二、词语储备　　40
　　三、阅读训练　　42
　　四、听说训练　　50
　　五、能力拓展　　51
　　六、词语进阶　　52

第五章　概率统计　　53
　　一、话题热身　　53
　　二、词语储备　　53
　　三、阅读训练　　54
　　四、听力训练　　64
　　五、能力拓展　　65
　　六、词语进阶　　65

第六章　汉字编码与输入法　　66
　　一、话题热身　　66
　　二、词语储备　　66
　　三、阅读训练　　67
　　四、听说训练　　76
　　五、能力拓展　　78
　　六、词语进阶　　78

第七章　移动支付　　79
　　一、话题热身　　79
　　二、词语储备　　79
　　三、阅读训练　　80
　　四、听说训练　　86
　　五、能力拓展　　87
　　六、词语进阶　　88

第八章　机器视觉　　89
　　一、话题热身　　89

二、词语储备	89
三、阅读训练	90
四、听说训练	98
五、能力拓展	100
六、词语进阶	100

第九章　未来电网　101

一、话题热身	101
二、词汇储备	101
三、阅读训练	102
四、听说训练	110
五、能力拓展	111
六、词语进阶	112

第十章　知量子　探世界　113

一、话题热身	113
二、词语储备	113
三、阅读训练	114
四、听说训练	122
五、能力拓展	123
六、词语进阶	124

第十一章　星载原子钟　125

一、话题热身	125
二、词语储备	125
三、阅读训练	126
四、听说训练	134
五、能力拓展	135
六、词语进阶	135

第十二章　神秘半导体　136

一、话题热身	136

二、词语储备　　136
　　三、阅读训练　　137
　　四、听说训练　　144
　　五、能力拓展　　145
　　六、词语进阶　　146

第十三章　公共卫生危机处理　　147
　　一、话题热身　　147
　　二、词语储备　　147
　　三、阅读训练　　148
　　四、听说训练　　155
　　五、能力拓展　　156
　　六、词语进阶　　157

第十四章　饮食中的大学问　　158
　　一、话题热身　　158
　　二、词语储备　　158
　　三、阅读训练　　159
　　四、听说训练　　167
　　五、能力拓展　　168
　　六、词语进阶　　168

第十五章　化学元素知多少　　169
　　一、话题热身　　169
　　二、词语储备　　169
　　三、阅读训练　　170
　　四、听说训练　　178
　　五、能力拓展　　178
　　六、词语进阶　　179

听力文本　　180

第一章 北京冬奥会中的几何美学

一 话题热身

你知道以下物体是什么形状吗？

A. 圆形　　　　　　　　B. 三角形　　　　　　　C. 正六边形

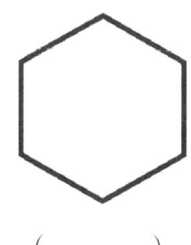　　　　　　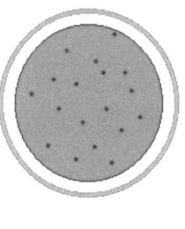

（　　）　　　　　　　　（　　）　　　　　　　　（　　）

二 词语储备

1. 科技词语　🎧 01-01

几何（名）	jǐhé	geometry
图形（名）	túxíng	graph
平面（名）	píngmiàn	plane
下限（名）	xiàxiàn	lower limit
上限（名）	shàngxiàn	upper limit
多边形（名）	duōbiānxíng	polygon
估算（动）	gūsuàn	estimate
圆周（名）	yuánzhōu	circumference
圆弧（名）	yuánhú	arc
小数点（名）	xiǎoshùdiǎn	decimal point
底边（名）	dǐbiān	base
半径（名）	bànjìng	radius
球面（名）	qiúmiàn	spherical surface
立体（形）	lìtǐ	three-dimensional
切线（名）	qiēxiàn	tangent
对称（形）	duìchèn	symmetric

— 1 —

| 圆形（名） | yuánxíng | circle |
| 圆心（名） | yuánxīn | center(of a circle) |

2. 专有名词 🎧 01-02

奥运会	Àoyùnhuì	Olympic Games
阿基米德（人名）	Ājīmǐdé	Archimedes
约翰·梅钦（人名）	Yuēhàn Méiqīn	John Machin
科赫雪花	Kēhè Xuěhuā	Koch snowflake
奥运五环	Àoyùn Wǔhuán	Olympic rings
天坛（地名）	Tiān Tán	Temple of Heaven
皮埃尔·德·顾拜旦（人名）	Pí'āi'ěr Dé Gùbàidàn	Pierre de Coubertin

■ 练习

1. 将词语与其拼音连线

图形　　　　　　túxíng

切线　　　　　　píngmiàn

几何　　　　　　qiēxiàn

平面　　　　　　jǐhé

2. 听录音，选择你听到的科技词语 🎧 01-03

（1）A. 圆周　　B. 切线　　C. 图形　　D. 几何　　（　）

（2）A. 近似　　B. 上限　　C. 几何　　D. 图形　　（　）

（3）A. 圆心　　B. 圆周　　C. 多边形　　D. 小数点　　（　）

（4）A. 小数点　　B. 估算　　C. 圆周　　D. 平面　　（　）

3. 选词填空

对称　　估算　　立体　　平面

（1）圆是中心（　　）的图形。

（2）初等（　　）几何的主要研究对象是直线与圆。

（3）请（　　）圆周率的近似值。

（4）请画出一个三维的（　　）图形。

三 阅读训练

第 24 届冬季奥林匹克运动会（XXIV Winter Olympic Games），即 2022 年北京冬季奥运会，是由中国举办的国际性奥林匹克赛事。2022 年 2 月 4 日，在北京冬季奥运会开幕式中，"冰五环"和"雪花"形主火炬台以其独特的出场方式和设计风格吸引了人们的目光，"圆"和"雪花"这两种几何图形，作为平面几何和分形几何的代表，成为冬奥元素，共同促成一场精彩、盛大的冬奥开幕式。"圆"和"雪花"为什么被幸运地选中，成为冬奥会上的"明星"呢？当然是因为它们"颜值"比较高！本章，我们将揭开它们的面纱，一起欣赏几何之美。

文章一（精读）

圆周率和圆的面积

圆周率和圆的面积公式是非常重要的几何知识，本文我们将学习圆周率是怎么来的，以及除了 $S=\pi r^2$，还有没有其他的公式可以算出圆的面积。

在希腊文里，"周边"这个词的第一个字母是 π。后来，数学家就用 π 来代表圆周率。如今，我们当然知道 π 是一个无理数，但是，这个结论从何而来，π 如何计算，我们不得而知。

其实，早在两千多年前，阿基米德就用迭代算法和两侧数值逼近的概念，计算出了圆周率的近似值。阿基米德从单位圆出发，先用内接正六边形求出圆周率的下限为 3，再用外切正六边形并借助勾股定理求出圆周率的上限小于 4。接着，他对内接正六边形和外切正六边形的边数分别加倍，将它们分别变成内接正十二边形和外切正十二边形，再借助勾股定理改进圆周率的下限和上限。他逐步对内接正多边形和外切正多边形的边数加倍，直到内接正九十六边形和外切正九十六边形为止。最后，阿基米德算出来，π 比 $3\frac{10}{71}$ 大，比 $3\frac{1}{7}$ 小，圆周率的近似值为 3.141851。阿基米德这个方法告诉我们，如果不能直接精确地决定一个数字，可以去找这个数字的下限以及上限。当下限和上限非常接近时，我们就可以相当准确地估算这个数字是多少了。仔细看看阿基米德的算法，他基本的观念是把圆周分成 96 个等分的圆弧，然后用内接九十六边形和外切九十六边形的边长作为圆弧长度的下限和上限。

圆周率 yuánzhōulǜ ratio of the circumference of a circle to its diameter

面积 miànjī area, space

公式 gōngshì formula

无理数 wúlǐshù irrational number

算法 suànfǎ algorithm

数值 shùzhí numerical value

近似值 jìnsìzhí approximation

勾股定理 Gōugǔ Dìnglǐ Pythagorean theorem

精确 jīngquè accurate

长度 chángdù length

因为只使用几何方法很难得出非常精确的结果，世界各国的数学家就想办法通过公式来计算圆周率。1706 年，英国人约翰·梅钦在总结前人经验的基础上发明了一个用于计算 π 值的公式：$\frac{\pi}{4}=4\arctan\frac{1}{5}-\arctan\frac{1}{239}$，梅钦依据此公式，把圆周率计算到小数点后一百多位。此后，这个公式被广泛应用于计算 π 值。到了近现代，电子计算机的出现使 π 值的计算有了突飞猛进的发展，电脑专家算到小数点后一百位、一千位、一万位。最新的圆周率纪录是在 2021 年 8 月 5 日，由瑞士科研人员通过一台超级计算机耗时 108 天零 9 个小时计算出来的，这个圆周率的数值已精确到了小数点后 62.8 万亿位。

其实，我们在日常生活中，用不到万亿位 π 的数值，通常都用 3.14 代表圆周率去进行近似计算。如果问小学生或者中学生圆的面积公式怎么算，一般地，他们会给出唯一的答案：$S=\pi r^2$。当然，我们并不是说这个答案是错误的，这个公式比较简洁、漂亮。但是仅知道一个公式是不够的。如果仅记住一个公式，会只知道结果而忽视推导过程。其实圆的面积公式除了 $S=\pi r^2$ 外，还有两个：

（1）$S=\frac{\pi}{4}d^2$　　（2）$S=\frac{1}{2}Cr$

公式（1）$S=\frac{\pi}{4}d^2$ 是由 $S=\pi r^2$ 推算而来，$S=\pi r^2=\pi\left(\frac{d}{2}\right)^2=\frac{\pi}{4}d^2$。可以看作一个边长为圆直径大小的正方形面积的 $\frac{\pi}{4}$。公式（2）$S=\frac{1}{2}Cr$ 其实是圆面积公式推导的过程，体现了数学中的一个重要理念，即"化曲为直"。如图 1.1（a）所示，我们可以把圆弧 AC 看作三角形的底边，半径是该三角形底边上的高线，圆是最大的扇形，当然弧长就是整个圆周长。

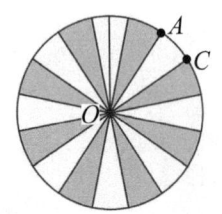
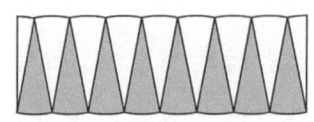

（a）　　　　　　（b）

图 1.1　圆面积公式推导图

$S=\pi r^2$ 和 $S=\frac{1}{2}Cr$ 到底有什么关系？如图 1.1（b）所示，其实可以将圆分成无数个细小扇形，再将这些扇形拼凑成长方形，长方形的宽就是圆的半径（r），长方形的长就是圆周长（$C=2\pi r$）的一半，也就是$\frac{1}{2}C(\pi r)$，由长方形的面积公式得知，圆的面积公式等于长×宽 = $\pi r \times r = \pi r^2$。

注释

1. 冬季奥林匹克运动会（Winter Olympic Games）：简称为"冬季奥运会"或"冬奥会"，是世界上规模最大的冬季综合性运动会，每四年举办一届，1994年起与夏季奥运会以两年为间隔交叉举行。第24届冬季奥林匹克运动会于2022年2月4日至2月20日在中国北京和张家口举行。

2. 分形几何（fractal geometry）：一门以不规则几何形态为研究对象的几何学，因为它的研究对象普遍存在于自然界中，因此分形几何学又被称为"大自然的几何学"。

3. 迭代算法（iterative algorithm）：是一种通过反复迭代计算来逼近问题解的算法。该算法通过多次执行相同的计算步骤，每次迭代都对当前结果进行修正以逐步接近问题的解。

4. 勾股定理（Pythagorean theorem）：一个基本的几何定理，指直角三角形的两条直角边的平方和等于斜边的平方。

5. 圆周率（ratio of the circumference of a circle to its diameter）：圆的周长与它直径的比值。

■ 练习

1. 词语连线

（1）估算　　　a. 推导

（2）公式　　　b. 几何

（3）平面　　　c. 数值

2. 根据文章内容判断正误

（1）π是一个无理数，其小数点之后的数字有无限多个。　　（　）

（2）两侧数值逼近是指找出数字的上限以及下限。　　（　）

（3）在推导圆的面积公式时，可以把圆看成由扇形拼凑成的四边形。　　（　）

（4）通过公式来计算圆周率会更加精确。　　（　）

3. 根据图片提示，选词填空

面积　半径　圆弧　圆周　长方形

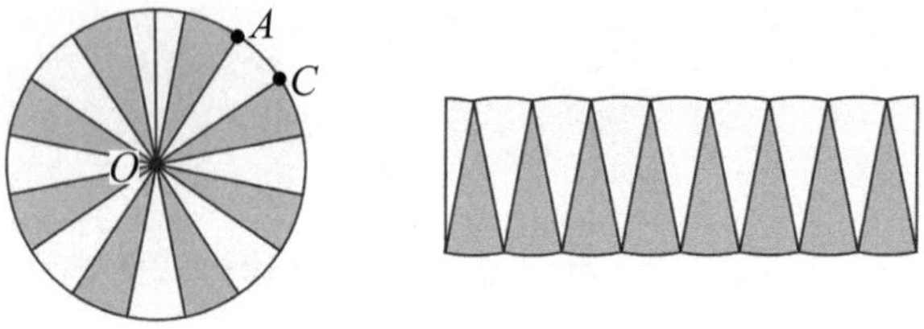

（a）　　　　　　　　（b）

图1.2　圆面积公式推导图

如图1.2（a）所示，我们可以把（　　）AC看作三角形的底边，（　　）是该三角形底边上的高线，圆是最大的扇形，当然弧长就是（　　）长。如图1.2（b）所示，其实可以将圆分成无数个细小扇形，再将这些扇形拼凑成特殊的四边形——（　　），长方形的宽就是圆的半径（r），长方形的长就是圆周长（$C=2\pi r$）的一半，也就是 $\frac{1}{2}C(\pi r)$，由长方形的面积公式得知圆的（　　）公式等于长×宽=$\pi r \times r = \pi r^2$。

4. 连词成句

（1）阿基米德　近似值　圆周率的　计算出了

_____。

（2）圆弧　圆周　他　把　分成　等分的　96个

_____。

（3）圆弧长度的　的边长　作为　把　上限　外切　正九十六边形

_____。

（4）是　圆周率　几何　非常重要的　知识

_____。

5. 回答问题

（1）本文提到的圆的面积公式有哪几个？
（2）阿基米德估算圆周率近似值的方法是什么？
（3）世界上还有哪位数学家计算过圆周率并取得了研究成果？

文章二（通读）

雪花火炬——分形几何学

北京冬奥会总导演张艺谋在接受媒体采访时说，开幕式是"一朵雪花和一块冰"的故事。一朵雪花贯穿开幕式始终，在入场时写有参

贯穿　guànchuān
run through

会国家名称的"小雪花"引导牌，最后组成一个外形像"大雪花"的火炬台，向我们讲述了一朵雪花的故事。

雪花火炬台的设计让人感到熟悉、亲切，是因为雪花来自大自然。在自然界中，许多物体的形状是不成比例、极不规则的，如弯曲的海岸线、起伏不平的山、形状各异的云。这些物体的形状有着共同的特点，就是极不规则，极不光滑。但是，所有的经典几何学都是以规则而光滑的几何形状为研究对象。例如，初等平面几何的主要研究对象实质上是直线与圆，平面解析几何的主要研究对象是直线（一次曲线）与二次曲线，而代数几何的研究对象则是复空间中的代数曲线。这种现象并不奇怪，因为以精确细致为特点的各种经典的几何学，实际上是对客观世界中物体形状的不精确描绘。例如，我们把事实上凹凸不平的地球表面看成是绝对光滑的球面，或者比较精确一些，看成是椭球面，通过计算，我们得出赤道的半径为 6378.2 千米，周长为 40075.02 千米这样的结论。但是，随着人类对客观世界认识的逐步深入，以及科学技术的不断进步，这种把不规则的物体形状加以规则化，然后进行处理的做法已经不能令人满意了。于是，在十九世纪七十年代中期，产生了分形几何学。

分形几何学是一门以不规则几何形态为研究对象的几何学，能用来处理那些极不规则的形状，比如海岸线、科赫雪花曲线。相对于传统几何学的研究对象为整数维数的图形，如一维的直线或曲线、二维的平面或球面、三维的立体图形，分形几何学的研究对象为非负实数维数的图形，如科赫雪花曲线的维数为 $\lg^4/\lg^3 \approx 1.2618$。因为它的研究对象普遍存在于自然界中，因此分形几何学又被称为"大自然的几何学"。

外形	wàixíng appearance, external form, contour
比例	bǐlì proportion
规则	guīzé regular
光滑	guānghuá smooth
实质	shízhì essence
直线	zhíxiàn straight line
曲线	qūxiàn curve
代数	dàishù algebra
赤道	chìdào equator
维数	wéishù dimension
实数	shíshù real number

🌀 注释

1. 科赫雪花曲线（Koch snowflake curve）：一种像雪花的几何曲线，所以又称为雪花曲线，也叫科赫曲线。

■ 练习

1. 根据文章内容选择正确答案

（1）北京冬奥会火炬台的外形像（　　）。

A. 雪花　　　　　　　　　　B. 云朵

C. 星星　　　　　　　　　　D. 树叶

（2）初等平面几何主要的研究对象是（　　）。

A. 曲线　　　　　　　　　　B. 曲面

C. 代数曲线　　　　　　　　D. 直线与圆

（3）下列哪个选项是分形几何学的研究对象？（　　）

A. 科赫雪花曲线　　　　　　B. 曲面

C. 代数曲线　　　　　　　　D. 直线与圆

（4）三维图形是指（　　）。

A. 直线　　　　　　　　　　B. 平面

C. 球面　　　　　　　　　　D. 立体图形

2. 词语连线

（1）贯穿　　　　　　a. 几何

（2）不成　　　　　　b. 光滑

（3）绝对　　　　　　c. 比例

（4）分形　　　　　　d. 始终

3. 排序

（1）正确顺序：_____

a. 比如海岸线、科赫曲线

b. 分形几何学是一门以不规则几何形态为研究对象的几何学

c. 所以分形几何学又被称为"大自然的几何学"

d. 因为它的研究对象普遍存在于自然界中

e. 能用来处理那些极不规则的形状

（2）正确顺序：_____

a. 我们把事实上凹凸不平的地球表面看成是绝对光滑的球面

b. 或者看成是椭球面

c. 通过计算

d. 周长为 40075.02 千米这样的结论

e. 我们得出赤道的半径为 6378.2 千米

（3）正确顺序：_____

a. 在自然界中

b. 许多物体的形状是不成比例的

c. 这些物体的形状有着共同的特点

d. 如弯曲的海岸线、起伏不平的山、形状各异的云

e. 就是极不规则，极不光滑

文章三（略读）

雪花图形里的秘密

首先，我们来了解一些"分形"的科普小知识。关于分形，首先涉及的是其自相似性，所谓自相似性是指局部是整体成比例缩小的性质。通俗一点说，就是当用不同倍数的照相机拍照，无论放大倍数如何改变，看到的照片都是相似的。由此，你能想象"科赫雪花曲线"的自相似性吗？

自相似性 zìxiāngsìxìng self-similarity

倍数 bèishù multiple

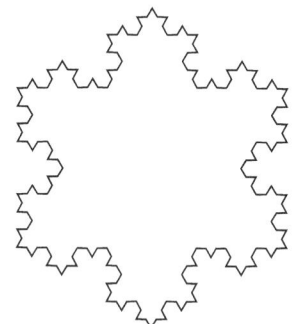

图 1.3 科赫雪花曲线

雪花曲线由瑞典数学家科赫于1904年构造，因为外形特别像雪花，所以叫"雪花曲线"。其构造规律是这样的：如图1.4所示，从等边三角形开始（称为初始元），将三角形的每条边三等分，并在每条边三分后的中段向外作新的等边三角形（去掉中间的一段，保留两侧的两段，将中间的一段改成夹角为60°的两个等长的线段，使原三角形变成十二边形）。然后，在六角形的每个边的三等分的中间一等份处再凸出造一个正三角形，得到四十八边形，不断重复这样的过程，去掉不要的部分，便可得到雪花曲线。因为每边三等分的中间一等份处凸出一个较小的正三角形，如此至于无穷，曲线的构造越来越精细，

规律 guīlǜ law

等边三角形 děngbiān sānjiǎoxíng equilateral triangle

初始 chūshǐ initial

夹角 jiājiǎo included angle

线段 xiànduàn line segment

它好像是一片完美的雪花。整体地看，它仍具有对称性；部分地看，它们每一个自身内部结构间具有自相似性。

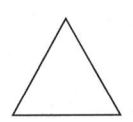  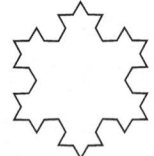

图1.4 科赫雪花曲线构造规律图

从图形的构造过程中，我们可以了解雪花曲线的自相似性。其实，雪花曲线的神奇不仅在于它的自相似性，我们作出初始三角形的外接圆，可以发现雪花曲线永远不会超出这个圆，也就是说雪花曲线围成的面积是有限的。如果再告诉你，雪花曲线的周长是无限长的，也就是说用一个无限长的图形围成一个有限的面积，是不是有点儿难以置信？

下面，我们用数列的知识来证明这个结论。

设初始三角形的边长为a，经过n次生长后，得到的小三角形的边长为$a_n=a\left(\frac{1}{3}\right)^n$，边数为$E_n=3\times 4^n$，这样n次生长后总的周长之和为$C_n=a_n E_n=3a\left(\frac{4}{3}\right)^n$。这意味着科赫雪花的周长实际上是无限长的！

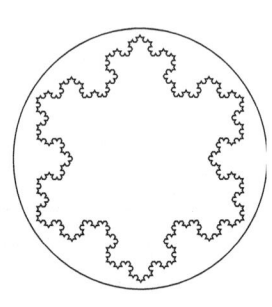

图1.5 科赫雪花曲线

假设第一个三角形的面积为1，然后接下来的三个三角形的总面积为$3\times\frac{1}{9}=\frac{1}{3}$，后面的步骤依此类推，形成等比数列，它们的公比为$\frac{4}{9}$。使用无穷等比数列的求和公式，我们可以计算出科赫雪花的总面积为$A=1+\frac{1}{3}\times\frac{1}{1-\frac{4}{9}}=\frac{8}{5}=1.6$。

当然，要说明的是，这个面积的有限性的结论，要用到一些数学概念，但是我们可以这样想，在一张纸上画雪花曲线，不管生长多少次，它都不会超过一张纸的，显然它的面积是有限的。

雪花曲线的神奇之处还有很多，如曲线上有许多折点，到处都是"尖端"；曲线虽然连续，但雪花曲线没有切线。可以说雪花曲线是"真正描述大自然的几何学"。

（改编自东北师范大学出版社2013年5月出版的《发现数学之美》，作者张安军）

■ 练习

1. 根据图片提示，选词填空

夹角　　线段　　等边　　曲线

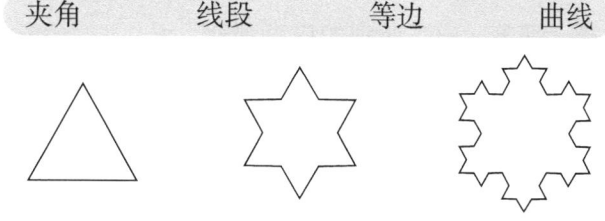

图 1.6　科赫雪花曲线构造规律图

如图 1.6 所示，从（　　）三角形开始（称为初始元），将三角形的每条边三等分，并在每条边三分后的中段向外作新的等边三角形［去掉中间的一段，保留两侧的两段，将中间的一段改成（　　）为 60° 的两个等长的（　　），使原三角形变成十二边形］。然后，在六角形的每个边的三等分的中间一等份处再凸出造一个正三角形，得到四十八边形，不断重复这样的过程，去掉不要的部分，便可得到雪花（　　）。

2. 连词成句

（1）等边　将　三角形的　平分成　每条边　三段

_____。

（2）不同　用　倍数的　拍照　照相机

_____。

（3）无限的　周长　是　有限的　面积　是　雪花曲线的

_____。

（4）许多　有　折点　雪花曲线上

_____。

四　听说训练

北京时间 2022 年 2 月 4 日晚，第二十四届冬季奥林匹克运动会开幕式在北京举行。开幕式现场，一滴冰蓝色的水墨从天而降，幻化为黄河之水，倾泻而下。翻腾的浪涛凝结为一片晶莹剔透的冰雪天地，一方巨大的水从冰面中升起，凝固成冰立方。冰球反复碰撞，冰立方被雕刻成为一个晶莹剔透的冰雪五环。这一过程就是"破冰"，"破冰"在中国文化中，有着打破隔阂、化解矛盾、走近对方、互相理解的寓意。

同学们注意到奥林匹克的标志（Olympic symbol）了吗？它由五个奥林匹克环从左到右互相套

接组成，五个圆环环环相扣，其中的寓意又是什么呢？下面，我们一起来了解一下。

■ 练习

1. 请听文章第一部分，根据听到的内容判断正误　🎧 01-04

（1）北京天坛最基本的设计元素就是圆。（　）
（2）同一个圆内，圆的半径的长度永远相同。（　）
（3）圆有无数条半径和无数条直径。（　）
（4）圆是轴对称图形，对称轴是直径所在的直线。（　）
（5）圆可以看成由无数个点组成的多边形。（　）

2. 请听文章第二部分，根据听到的内容以及图片提示选词填空　🎧 01-05

（1）　之间　直线　或者说

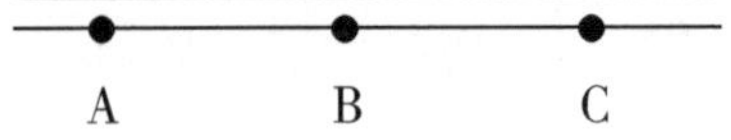

图 1.7　直线和直线上的点

（　）依次有 A、B、C 三点，B 点在 A、C 两点（　），（　）点 B 在 A、C 内。

（2）　圆上　圆心

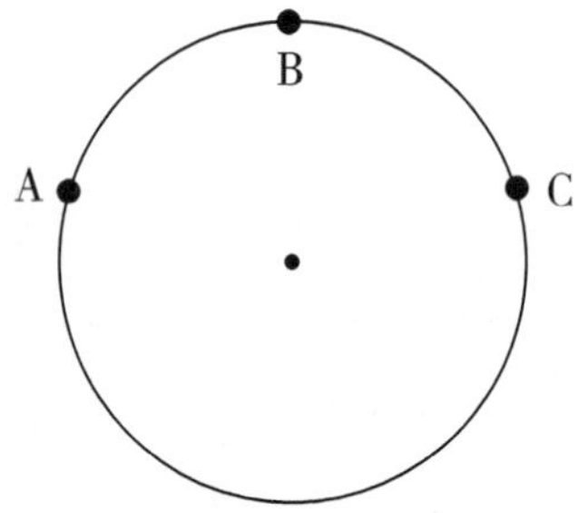

图 1.8　圆和圆上的点

把 A、B、C 三点放在（　），圆上的点没有在内或者在外的区别，每一点既是内部，也是外部，同时圆上的每一点具有平等性，和（　）的距离相等，每一点既是起点又是终点。

3. 请再听一遍文章，口头回答问题，并在小组内交流　🎧 01-06

（1）本文是如何描述冬奥会开幕式的？
（2）圆有很多定理，本文中出现了几条？

（3）为什么说圆是"正无限多边形"？

（4）你可以用图画描述圆的哲学意义吗？

（5）你的国家有哪些著名的圆形建筑呢？搜集照片或者视频，介绍给同学们吧！

五 能力拓展

■ 练习

1. 把下面的内容缩写到100字以内

经典的几何学，实际上是对客观世界中物体形状的不精确描绘。例如，我们把事实上凹凸不平的地球表面看成是绝对光滑的球面，或者比较精确一些，看成是椭球面，通过计算，我们得出赤道的半径为6378.2千米，周长为40075.02千米这样的结论。但是，随着人类对客观世界认识的逐步深入，以及科学技术的不断进步，这种把不规则的物体形状加以规则化，然后进行处理的做法已经不能令人满意了。于是，在十九世纪七十年代中期，产生了分形几何学。

2. 表达

本文中我们介绍了分形几何的代表——"科赫雪花曲线"，我们了解到分形几何学被称为"大自然的几何学"，因为它的研究对象普遍存在于自然界中。那同学们可以找出哪些用分形几何理论研究的物体呢？请记住：这些物体的形状的共同特点就是极不规则、极不光滑。大家快去寻找吧！

六 词语进阶

圆周率	面积	公式	无理数	算法	数值	近似值	勾股定理
精确	长度	电子计算机	推导	推算	直径	扇形	弧长
长方形	贯穿	外形	比例	规则	光滑	实质	直线
曲线	代数	赤道	维数	实数	自相似性	倍数	规律
等边三角形	初始	夹角	线段	对称性	外接圆	数列	等比数列
公比	凝结	球体	设计元素	轴对称	中心对称	直线	方向性
主题							

第二章 极限的奥妙

一 话题热身

1. 同学们知道什么是微积分，我们为什么要学习微积分吗？小学和中学阶段学习的数学知识是不是已经够我们日常生活中用了？小学阶段，我们学习了简单的算数；中学阶段，我们学习了代数、字母表示数、一些初步的方程和函数，这是我们人类几千年的知识成果。那么，请大家在小组内讨论一下，下面这几个问题能不能用中学的知识解决呢？

（1）求变速运动的瞬时速度，比如行星在椭圆轨道上运行的瞬时速度。

（2）求曲线上某个点的切线，比如望远镜在设计时要确定透镜曲面的法线，而法线与切线垂直，因此要先确定切线的方向。

（3）求函数的最大值、最小值，比如计算炮弹的最大射程。

2. 根据你的了解，微积分都包括哪些内容？在你认为合适的选项后面画"√"。

A. 极限理论　　（　　）

B. 导数　　　　（　　）

C. 微分　　　　（　　）

D. 定积分　　　（　　）

E. 不定积分　　（　　）

二 词语储备

1. 科技词语　02-01

比值（名）	bǐzhí	specific value, ratio
函数（名）	hánshù	function
斜率（名）	xiélǜ	slope
导数（名）	dǎoshù	derivative
微积分（名）	wēijīfēn	calculus
微分（名）	wēifēn	differential
积分（名）	jīfēn	integral
极限（名）	jíxiàn	limit

趋近（短语）	qūjìn	approach
无穷级数（名）	wúqióng jíshù	infinite series
方程（名）	fāngchéng	equation

2. 专有名词 🎧 02-02

希腊（国家名）	Xīlà	Greece
芝诺（人名）	Zhīnuò	Zeno
庄子（人名）	Zhuāngzǐ	Zhuangzi
惠施（人名）	Huì Shī	Hui Shi
牛顿（人名）	Niúdùn	Newton
莱布尼茨（人名）	Láibùnící	Leibniz
查理·佩斯金（人名）	Chálǐ Pèisījīn	Charlie Peskin

■ 练习

1. 将词语与其拼音和释义连线

极限　　bǐzhí　　　　两数相比所得的值

比值　　jíxiàn　　　　一条直线（或曲线的切线）关于横向坐标轴倾斜程度的量

方程　　fāngchéng　　变量无限趋近的某个固定数值

斜率　　xiélǜ　　　　含有未知数的等式

2. 听录音，选择你听到的科技词语 🎧 02-03

（1）A. 微分　　B. 定义　　C. 无穷级数　　D. 变量　　（　）

（2）A. 微积分　B. 斜率　　C. 函数　　　　D. 变量　　（　）

（3）A. 比值　　B. 趋近　　C. 方程　　　　D. 曲线　　（　）

（4）A. 方程　　B. 几何　　C. 逆运算　　　D. 求和　　（　）

三　阅读训练

文章一（精读）

微积分与极限思想

初等数学容易被人记住，因为它对日常生活很有用处，比如，小到各个商店，大到各类公司都要用到算数。至于微积分，听起来似乎距离我们非常遥远，但是，看完下面这几个例子，也许你的看法就不一样了。

你去爬山时一定注意过山坡的形状，有的简单，有的复杂，或高或低，或平或陡。但无论哪种形状，山坡的高度总是随着行进者离出发点距离的变化而变化。有的部分很陡，也就是说高度变化得很快；而另一些部分比较平坦，高度变化得慢，或者几乎不变。我们可以用一个叫“坡度”的概念来描述高度的这种变化。坡度定义为高度的增加量与你走过的水平距离的比值。比如，如果像图 2.1（a）所示的简单形状，用初等数学中的简单几何知识就能描述。

山坡 shānpō hillside
陡 dǒu steep
行进者 xíngjìnzhě marcher
平坦 píngtǎn even, smooth
坡度 pōdù slope, gradient

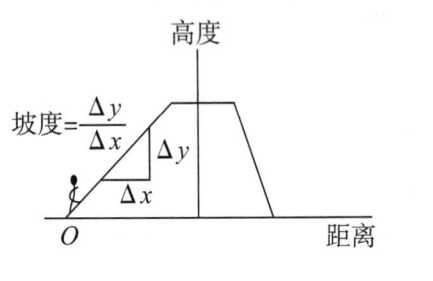

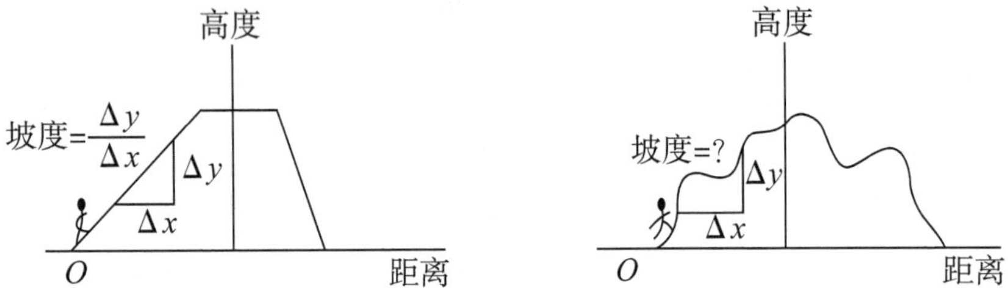

（a）简单的山坡形状　　（b）复杂的山坡形状

图 2.1　山坡形状与坡度计算

数学中有一个更专业的词来描述上面例子中的山坡形状，那就是“函数”。函数是用来描述变量之间的关系的概念，比如说，在上面的例子中，山坡的高度 y 随着行进者离出发点 O 水平距离 x 的变化而变化，也就是说，x 叫作自变量，y 是 x 的函数。刚才爬山例子中所说的“坡度”，在数学上可以称为曲线在某点的斜率，表示的是函数图像在某点的变化快慢，它的计算便需要用到微积分。

简单来说，微积分是高等数学中研究函数的数学分支，它可以通过计算函数的导数来考察函数变化的快慢。比如像图 2.1（a）的情况，计算坡度时只需要用这一段山坡高度的变化 Δy 除以水平距离的变化 Δx 就可以了。但是当函数图像的形状是个复杂的不规则曲线时，斜率的计算也变得很复杂，这时候，微积分就派上用场了。在日常生活中，复杂的函数图像有很多，比如，图 2.2 所示的股票市场涨落，温度、相对湿度、气压变化等，这些曲线都可以用微积分来分析。

股票 gǔpiào stock
相对湿度 xiāngduì shīdù relative humidity

微积分是“微分”和“积分”的统称。所谓微分，就是将自变量的变化变得微小又微小，直到“无限小”，而观察函数 y 是如何变化的。一般来说，y 的变化 Δy 也会是一个“无限小”的量，但人们关心的是这两个"无限小"的量的比值，即上面例子中所描述的山坡在某点的坡度 P，或称它为曲线在该点的斜率 P。我们将这个斜率值 P 叫作函数 y 对 x 的微分，也叫作 y 对 x 的导数。

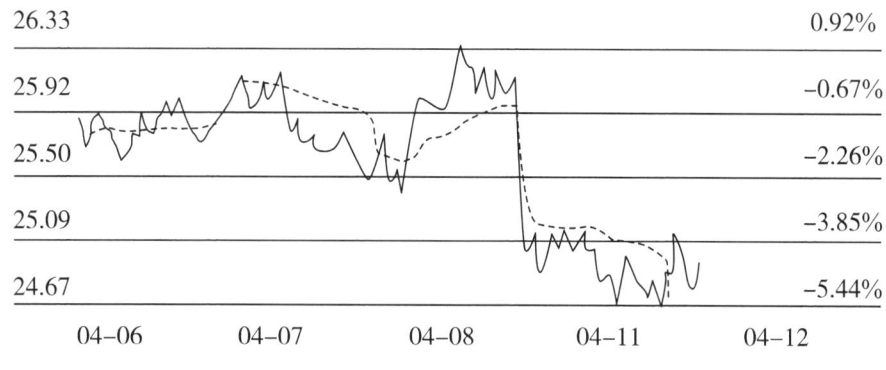

（a）股票市场五日涨落

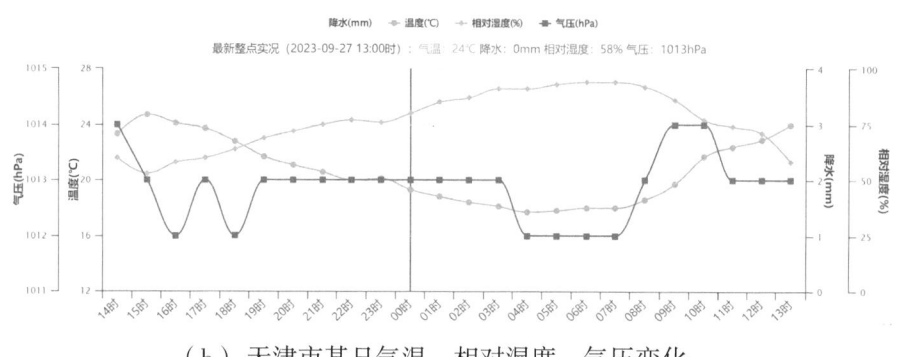

（b）天津市某日气温、相对湿度、气压变化

图 2.2　日常生活中的函数

生活中常见的需要求函数的导数的例子是计算运动物体的速度。比如我们开车出去旅游，汽车行驶的距离 s 就是时间 t 的函数，速度 v 是不断变化的，所谓需要计算汽车在某个时刻的"瞬时速度"，也就是计算函数 s 对时间 t 在一个点上的导数。

通过以上的介绍，我们了解到可用微分的方法来求函数的导数，计算增长率、坡度、速度等。积分又有什么用途呢？积分实际上是微分的逆运算，即在知道山坡的坡度的情况下，反过来计算山坡的高度。或者说，知道汽车在某点的瞬时速度，反过来计算汽车行驶的距离。（图 2.3）。

这种将变量的变化趋于"无限小"的想法，也就是所谓的"极限"思想，是微积分的基本思想。现在我们说起"极限"来，好像并不难理解。但是，从最初产生这种极限思想，到发展、概括、归纳为数学

瞬时速度
shùnshí sùdù
instantaneous velocity

增长率
zēngzhǎnglǜ
growth rate

趋于 qūyú
tend towards

归纳 guīnà
induce

语言的过程,是十分漫长的。

漫长 màncháng
endless, long

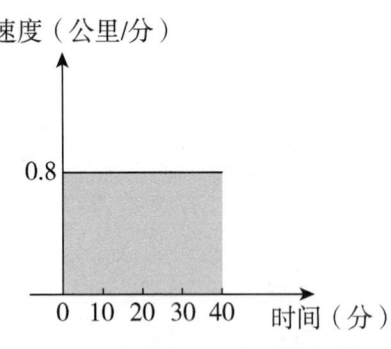
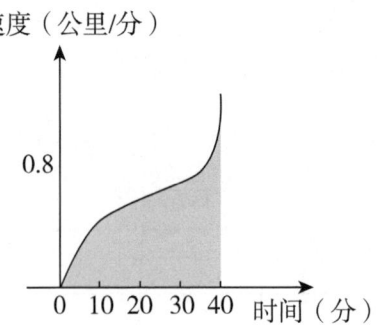

图 2.3 匀速运动和变速运动时的求积分运算

■ 练习

1. 选词填空

逆运算　归纳　导数　斜率　定义

(1) 从最初产生这种极限思想,到(　　)为数学语言的过程,是十分漫长的。
(2) 我们通常所说的"坡度",也有一个数学术语:曲线的(　　)。
(3) 坡度的(　　)为高度的增加量与你走过的水平距离的比值。
(4) 积分实际上是微分的(　　)。
(5) 生活中经常碰到的需要求函数的(　　)的例子是计算运动物体的速度。

2. 连词成句

(1) 积分　统称　和　微分　微积分　为
_____。

(2) 导数　微分的方法　的　函数　可以用　求　我们
_____。

(3) 曲线　需要　复杂的　用到　分析　微积分
_____。

(4) 数学分支　高等数学中　是　研究函数的　微积分
_____。

3. 选出对下列句子解释正确的选项

(1) 积分实际上是微分的逆运算,即在知道山坡的坡度的情况下反过来计算山坡的高度。或者说,知道汽车在某点的瞬时速度,反过来计算汽车行驶的距离。(　　)

① 计算函数的增长率需要用到积分。
② 知道汽车在某点的瞬时速度的情况下，我们可以用微分的方法来计算汽车行驶的距离。
③ 在知道山坡坡度的情况下反过来计算山坡的高度用到的是积分。

A. ①　　　B. ②③　　　C. ①②③　　　D. ③

（2）微积分是高等数学中研究函数的数学分支。（　　）

A. 微积分是用来研究函数的。

B. 微积分是初等数学的一部分。

C. 微积分和高等数学的关系并不明确。

D. 微积分和高等数学是一回事。

（3）当函数图像的形状是个复杂的不规则曲线时，斜率的计算也变得很复杂，这时候，微积分就派上用场了。（　　）

A. 函数斜率的计算都需要用到微积分。

B. 当函数图像的形状是个复杂的不规则曲线时，很难用初等数学的知识来计算函数图像在某点的斜率。

C. 函数斜率的计算都很复杂。

D. 当函数图像的形状是个不规则曲线时，这个函数是不存在斜率的。

4. 根据文章内容判断正误

（1）我们可以通过计算函数的导数来考察函数变化的快慢。　　　　　　（　　）

（2）所谓积分，就是将自变量的变化变得微小又微小，直到"无限小"，而观察函数 y 是如何变化的。　　　　　　　　　　　　　　　　　　　　　　　　（　　）

（3）函数是数学中的专业词汇。　　　　　　　　　　　　　　　　　　（　　）

（4）日常生活中复杂的函数图像很少。　　　　　　　　　　　　　　　（　　）

5. 根据文章内容，选择正确答案

（1）我们可以用一个叫（　　）的概念来描述山坡高度的变化。

A. 函数　　　　　　B. 微积分　　　　　　C. 坡度　　　　　　D. 积分

（2）在山坡的例子中，山坡的高度 y 随着行进者离出发点 O 水平距离 x 的变化而变化，也就是说，（　　）叫作自变量，（　　）是（　　）的函数。

A. x；y；x　　　　B. x；y；y　　　　C. y；y；x　　　　D. y；x；y

（3）以下需要用积分的方法来计算的是（　　）。

A. 山坡的坡度

B. 运动物体的速度

C. 知道汽车在某点的瞬时速度，计算汽车行驶的距离

D. 以上都是

（4）以下属于日常生活中常见的复杂函数图像的是（　　）

① 气温、相对湿度、气压变化图

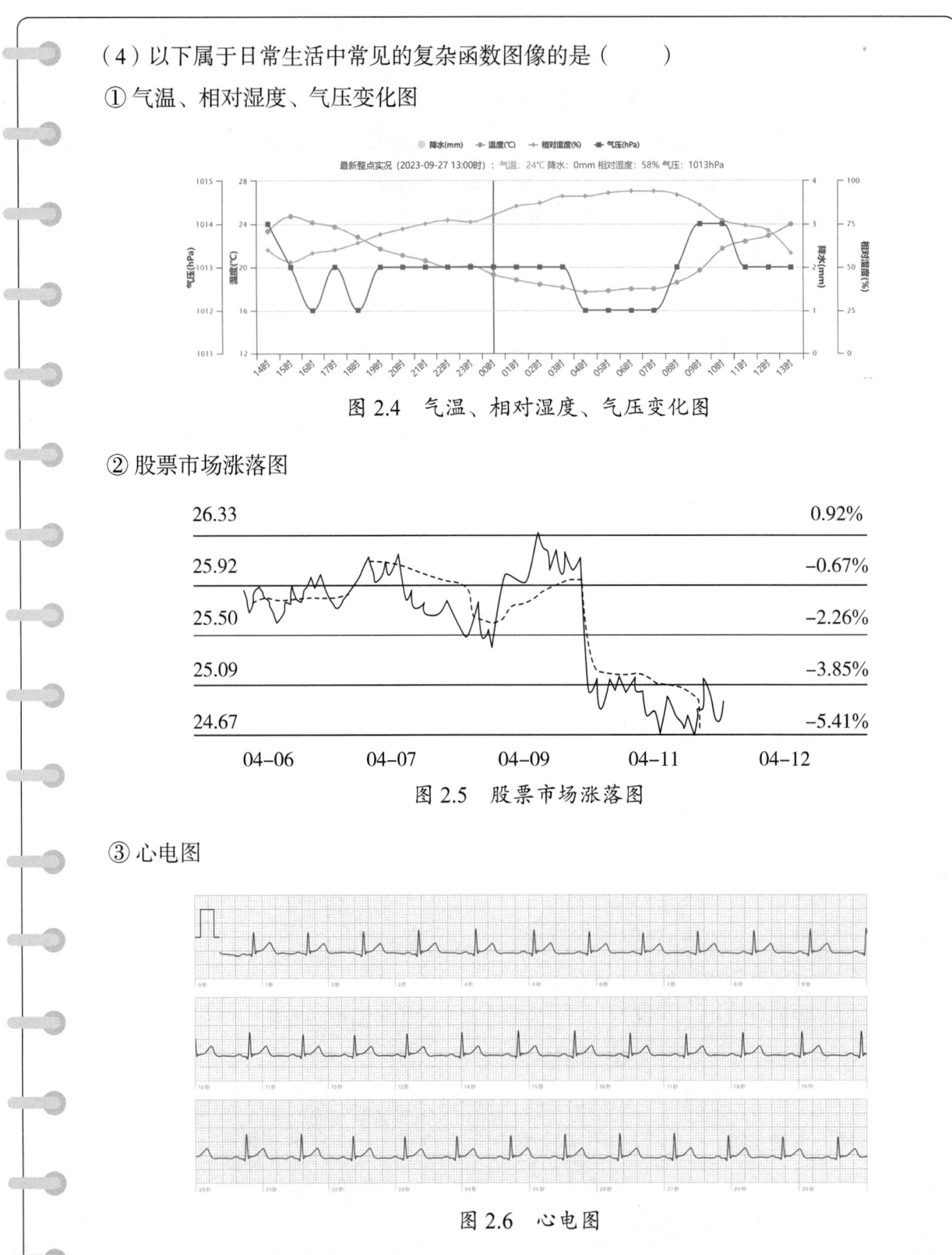

图 2.4　气温、相对湿度、气压变化图

② 股票市场涨落图

图 2.5　股票市场涨落图

③ 心电图

图 2.6　心电图

A. ①　　　　B. ②③　　　　C. ①②③　　　　D. ①②

文章二（通读）

阿基里斯能追上乌龟吗？

"极限"这个词激发我们无限的想象，首先让我们联想到的是人们常常说的一句话："挑战极限"。不过，在数学上，"极限"有它独特的含义，表示的是一种数学量无限趋近某个固定数值。

古希腊哲学家芝诺写过一系列悖论，最有名的就是《阿基里斯和乌龟赛跑》的故事了。假设阿基里斯跑步的速度为乌龟的10倍，比如说，他每秒钟跑10m，乌龟每秒钟跑1m。出发时，乌龟在他前面100m处。这样看来，阿基里斯很快就能追上并超过乌龟。但是，哲学家们都喜欢狡辩，芝诺说："不对，阿基里斯永远都赶不上乌龟！"为什么呢？芝诺说，你看，开始的时候，乌龟超过阿基里斯100m，当阿基里斯跑了100m到了乌龟一开始的位置时，乌龟已经向前爬了10m，这时候，乌龟在阿基里斯前面10m；然后，我们就可以一直这样说下去：当阿基里斯又跑了10m后，乌龟在他前面1m；下一时刻，乌龟在他前面0.1m；再下一刻，乌龟在他前面0.01m，0.001m，0.0001m……不管这个数值变得多么小，乌龟永远在阿基里斯前面。所以说，阿基里斯不可能追上乌龟。

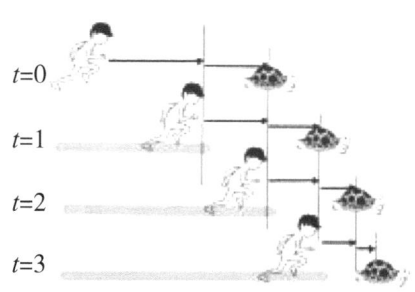

阿基里斯能追上乌龟吗？

图 2.7　芝诺悖论

芝诺编出这样的悖论，或许只是开个小玩笑。芝诺当然知道阿基里斯能够赶上乌龟，但他的狡辩听起来也似乎很有道理，这是为什么呢？再仔细分析一下这个问题，将阿基里斯开始的位置设为 O 点，那时乌龟在阿基里斯前面100m。我们可以计算一下在比赛开始 $\frac{100}{9}$ s 之后，阿基里斯刚好追上乌龟。阿基里斯跑了 $\frac{1000}{9}$ m，乌龟跑了 $\frac{100}{9}$ m，加上原来的100m，乌龟所在的位置=（$\frac{100}{9}$+100）m=$\frac{1000}{9}$m，与阿基里斯在同一个位置，说明在$\frac{100}{9}$s的时候阿基里斯追上了乌龟。但是，按照悖论的逻辑，将这"$\frac{100}{9}$s"的时间间隔无限细分，给我们一种好像这段时间永远也过不完的印象。就比如说，你有1小时的时间，过了一半，还有$\frac{1}{2}$h；又过了一半，还有$\frac{1}{4}$h；又过了一半，你还有$\frac{1}{8}$h、$\frac{1}{16}$h、$\frac{1}{32}$h……一直下去，好像这后面的半小时永远也过不完了，这当然与实际情况不符。事实上，无论你将这后面的半小时分成多少份，如何无限地分下去，时间总是均匀地流逝，与前半小时的流逝过程没有什么区别。所以说，阿基里斯一定追得上乌龟，芝诺悖论不成立。

在芝诺之后，阿基米德对这个悖论进行了非常详细的研究。他把每次追赶的路程加起来，计算阿基里斯和乌龟到底跑了多远，并将这个问题归结为无穷级数求和的问题，证明了尽管路程可以无限分割，但整个追赶过程是在一个有限的长度中。

中国战国时期的庄子也在其哲学著作《庄子》中记载了据说是惠施的一句话："一尺之棰，日取其半，万世不竭。"意思是说，一尺长的竿子，每天截取一半，一万年也截取不完。惠施的这段话使我们看到了中国古代哲学家已经具有了"极限"思想。

逻辑 luóji logic

流逝 liúshì elapse

归结为 guījié wéi be concluded as

分割 fēngē carve up

哲学 zhéxué philosophy

截取 jiéqǔ cut off, extract

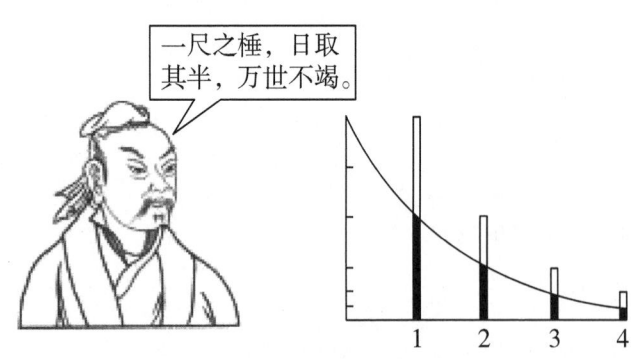

图2.8 中国古人的早期极限思想

注释

战国（Warring states period）：公元前475—公元前221年，是中国历史上的一个时代。

■ 练习

1. 根据文章内容，选择正确答案

（1）芝诺悖论讲的是阿基里斯和乌龟赛跑，并且（　　）。

A. 阿基里斯一定能追上乌龟。
B. 阿基里斯不可能追上乌龟。
C. 阿基里斯和乌龟跑得一样快。
D. 阿基里斯能否追得上乌龟应当视情况而定。

（2）阿基米德对芝诺悖论进行了详细的研究，他把每次追赶的路程加起来，计算阿基里斯和乌龟到底跑了多远，并将这个问题归结为（　　）求和的问题。

A. 等比级数　　　　B. 无穷级数　　　　C. 函数　　　　D. 导数

（3）中国古代哲学著作（　　）中记载了据说是惠施的一句话："一尺之棰，日取其半，万世不竭。"使我们看到了中国古代哲学家已经具有了"极限"思想。

A.《庄子》　　　　B.《孟子》　　　　C.《论语》　　　　D.《春秋》

2. 为文章的每一段选择合适的小标题

第一段（　） 第二段（　） 第三段（　） 第四段（　） 第五段（　）

A. 芝诺悖论的主要内容
B. 阿基米德对芝诺悖论的研究
C. 芝诺悖论不成立的原因
D. 中国古代的极限思想
E. "极限"在数学上的独特含义

3. 回答问题

（1）请简要说说为什么芝诺悖论不成立。
（2）请课下查阅资料，了解刘徽的割圆术，并谈谈其中体现的极限思想。

文章三（略读）

微积分有何用处？

虽然微积分来自于牛顿对解释天体运动的渴望，但是它同时极大地推动了化学、生物学、医学等自然科学、社会科学及应用科学各个分支的发展，并在这些学科中有越来越广泛的应用。

一、微积分与现代医学

查理·佩斯金是纽约大学的一位数学教授，主要研究把微积分应

天体运动
tiāntǐ yùndòng
motion of celestial bodies

分支 fēnzhī
branch

用到生物学和医学中的数学计算。他希望通过研究心脏工作的基本规律利用计算机开发出一个与真正心脏有相同功能的计算机模拟心脏，为一些复杂的心脏疾病患者带来生存机会。在他的研究中，微积分是最根本的，他用微分方程来描述心跳。

心脏有它自己的自然心率调整器，称为窦房结，它是一个细胞组，这些细胞和心脏同步发出波，其神奇之处在于如果人们在组织中分开培养它们，它们可以自己跳动，但不是同步的；当它们成长并相互接触时，又产生同步跳动。因此，查理面对的基本问题是："如何让这些细胞和心脏同步工作？同步工作包含什么？"

格伦·费什曼是心脏科主任，研究的是心电传导，他的实验室团队非常想找到心律失常的原因。如果科学家们了解心脏起搏器的细胞生物学，就有希望通过植入细胞重新产生传导系统，这种细胞取自病人身体内退化的细胞。更广泛地说，就整个心电系统来说，如果科学家能够明白造成心律失常的多种原因，就可以对它进行治疗了。

人们总希望能用语言解释发生了一些什么事情，但实际上科学家们需要的是方程、数学模型和计算机模拟，如果他们不知道支配它的基本规则，就不可能做出模型。

二、通信技术领域中的微积分

微积分理论知识在通信技术领域中也有着广泛的应用，它可以在一定条件下将通信的信号进行局部放大，增强传递效果，同时在传输的过程中将这些信号转换为一种特殊信号来进行识别。在这个过程中，需要技术人员收集大量信息，并从中筛选出有用的信息，这项工作耗时耗力，并且容易出现误差。但是在此过程中应用微积分的知识，就可以降低信息处理的难度，通过对信号参数值的放大，使信号在传输过程中的速度加快，就可以快速准确地识别出有效的信息。

在通信技术领域中，指纹识别技术运用最为广泛。在指纹识别技术中，系统在接到指纹信息之后，会借助微积分方程对收集到的信息进行分析，从而对符合要求的指纹进行识别并通过，而对于不符合要求的指纹则拒绝通过。

微分方程 wēifēn fāngchéng differential equation
细胞组 xìbāozǔ cell group
接触 jiēchù touch, contact
植入 zhírù implant, embed
传导系统 chuándǎo xìtǒng conduction system
支配 zhīpèi govern, dominate
领域 lǐngyù domain, field
传输 chuánshū transmit
转换 zhuǎnhuàn switch, transform
识别 shíbié identify
参数值 cānshùzhí parameter value
指纹 zhǐwén fingerprint

🗒 注释

1. 窦房结（sinoatrial node）：解剖学名词，窦房结位于心脏右心房和上腔静脉的交界处，如黄豆大小，能够自动发放冲动。
2. 心律失常（arrhythmia）：心血管疾病中重要的一种疾病。它可单独发病，亦可与其他心血管病伴发。
3. 心脏起搏器（cardiac pacemaker）：一种植入体内的电子治疗仪器，用于治疗某些心律失常所致的心脏功能障碍。
4. 细胞生物学（cell biology）：研究和揭示细胞基本生命活动规律的科学，它从显微、亚显微与分子水平上研究细胞的结构与功能。

■ 练习

1. 回答问题

（1）微积分推动了哪些学科的发展？
（2）根据文章最后一段，总结微积分知识在通信技术领域中的作用。

2. 小组活动

（1）说一说在文章第一部分"微积分与现代医学"中，查理·佩斯金和格伦·费什曼分别想用微积分来做什么。
（2）谈一谈你了解的微积分应用的实例。

四 听说训练

微积分的发明是数学史上一次划时代的壮举。可以说，如果没有微积分，就没有现代科技，就没有人类辉煌的现代文明，人类就仍然在黑暗中摸索前行。对人类文明的影响如此深远的微积分，到底是谁发明的？让我们听一听下面这篇文章，了解微积分发明背后的故事吧。

🗒 注释

1. 流数术（method of fluxions）：1665年5月20日，英国杰出物理学家牛顿第一次提出"流数术"（即"微积分"），后来世人就将这天作为"微积分诞生日"。牛顿将古希腊以来求解无穷小问题的种种特殊方法统一为正流数术（微分）和反流数术（积分）两类算法。
2. 万有引力定律（law of universal gravitation）：艾萨克·牛顿于1687年在《自然哲学的数学原理》上发表的一个理论。

■ 练习

1. 请听文章第一部分，根据听到的内容判断正误 🎧 02-04

（1）大多数人都知道牛顿在数学方面的成就很高。　　　　　　　　　　（　）
（2）微积分的发明权是牛顿和莱布尼茨两人共同享有的。　　　　　　　（　）
（3）牛顿从几何出发，发明了一套使用至今的微积分符号体系。　　　　（　）
（4）牛顿对物理和数学两个方面的贡献是互相联系的。　　　　　　　　（　）

2. 请听文章第二部分，根据听到的内容填空 🎧 02-05

无穷多项求和的概念又引导牛顿进一步思考无限细分下去而得到的无穷小量问题。他将这种无穷小量称为"极微量"，即现代意义上的（　　　）。再进一步，牛顿又将几何学中求（　　　）、（　　　）这类问题与物理中运动学的问题合二为一。在牛顿的笔记中，他将（　　　）这一类无穷小问题的种种方法称为"流数法"，包括正流数术和反流数术，实质上就是现代（　　　）的思想。

3. 请听文章第三部分，根据听到的内容连线 🎧 02-06

1669~1676 年　　　　　　莱布尼茨和牛顿开始了微积分发明权之争。

1684 年和 1686 年　　　　莱布尼茨分别发表了微分和积分的论文。

1711 年左右　　　　　　　牛顿就"流数术"写下了三篇重要的论文，但是并没有将其公开发表。

4. 请再听一遍文章，口头回答问题并在小组内交流 🎧 02-07

（1）为什么1665年被后人称为牛顿的"奇迹年"？
（2）莱布尼茨和牛顿对微积分学发明的贡献有什么不同？

五　能力拓展

■ 练习

1. 把下面的内容缩写到 160 字以内

牛顿是一名非常著名的科学家，在自然科学史上占有独特的地位，但大多数时候，他是以一位伟大的物理学家的形象存在于人们的心中。其实，牛顿除了在物理学上有所建树之外，还有另一项重大发明，那就是微积分。不过，牛顿对物理和数学两个方面的贡献并不是各自独立的，而是互相联系的。可以说，牛顿最终是为了总结物体的力学运动规律而创造发明了微积分。和牛顿共享微积分发明权的还有著名的德国数学家莱布尼茨。莱布尼茨在对几何的研究中，开始独立创建微积分。不过由于莱布尼茨和牛顿在创建微积分过程中使用的方法和途径均不一样，对微积分学的贡献也不同，如今学术界将微积分的发明权判定为他们两人共同享有。

2. 表达

（1）学习完四篇文章后，请你说一说为什么微积分和我们的日常生活的联系很紧密。

（2）在小组内交流你了解的你们国家伟大的数学家，并简单说说他们的贡献。

六 词语进阶

山坡	陡	行进者	平坦	坡度	股票	相对湿度
瞬时速度	增长率	趋于	归纳	漫长	激发	联想
悖论	狡辩	分析	逻辑	流逝	归结为	分割
哲学	截取	天体运动	分支	微分方程	细胞组	接触
植入	传导系统	支配	领域	传输	转换	识别
参数值	指纹	二项式	分数幂	序列	手稿	体系
判定						

第三章 数列与级数

一 话题热身

1. 你觉得有没有"最大"的数字？如果有的话，这个数字是多少呢？
2. 请按规律填空。
   （1）1，4，（   ），16，（   ），36，49，（   ），81……
   （2）1/3，1/6，（   ），1/24，（   ）……
   （3）1，-1，0，1，-1，（   ），1，（   ），0……
3. 讨论：举例说明什么是"黄金分割比例"。

二 词语储备

1. 科技词语 03-01

上述（形）	shàngshù	above
数列（名）	shùliè	progression, sequence of numbers
法则（名）	fǎzé	law, rule
端点（名）	duāndiǎn	end point
能级（名）	néngjí	energy level
晶体（名）	jīngtǐ	crystal
遵循（动）	zūnxún	follow
概率（名）	gàilǜ	probability

2. 专有名词 03-02

《数沙者》（书名）	Shǔ Shā Zhě	*The Sand Reckoner*
非洲（地名）	Fēizhōu	Africa
康托尔（人名）	Kāngtuō'ěr	Cantor
斐波那契（人名）	Fěibōnàqì	Fibonacci
开普勒（人名）	Kāipǔlè	Kepler

■ 练习

1. 将词语与其拼音连线

法则　　　　　jīngtǐ

晶体　　　　　gàilǜ

概率　　　　　fǎzé

端点　　　　　duāndiǎn

2. 听录音，选择你听到的科技词语 🎧 03-03

（1）A. 遵循　　　B. 上述　　　C. 端点　　　D. 定理　　　（　　）

（2）A. 级数　　　B. 小数　　　C. 能级　　　D. 数列　　　（　　）

（3）A. 大概　　　B. 概率　　　C. 增长率　　D. 非洲　　　（　　）

3. 选词填空

> 能级　　端点　　法则　　上述

（1）电子失去或者得到能量的时候，会在不同的（　　　）之间移动。

（2）一条线段有两个（　　　）。

（3）我们要善于运用（　　　）办法解决数学难题。

（4）要想学好数学，首先就要搞懂运算的（　　　）。

三　阅读训练

文章一（精读）

神秘的无穷数

　　天空中有多少星星？沙漠里有多少沙子？早在几千年前就有人提出这样的问题，但这些数字太大，对于当时的人来说都不可计算，因此他们只能用"很多"来描述。公元前3世纪，古希腊哲学家阿基米德在著作《数沙者》中用一种类似现代科学计数法的方法来记录非常大的数字，并得出结论：宇宙中的沙子不会超过一千万个第八级单位，也就是 10^{63}。两百多年前，原子的发现使科学家提出了宇宙中存在多少原子的问题。根据计算，宇宙中大约存在 $3×10^{74}$ 个原子。上述数字虽然相当大，但也可以用公式表达其限度，并非"不可计算"。只要时

公元前
gōngyuánqián
B.C.

计数法 jìshùfǎ
counting method

限度 xiàndù
limit

间充足，便能精确记录到这些数字的最后一位。

但有一些数字是无穷的，比数学家无论花费多少时间所记录的数字都大。比如，所有的数字有多少？一条直线上存在多少个点？它们显然是无穷的。那么在无法被公式表达的情况下，如何描述其大小？德国数学家康托尔提出，所有数字的数量更大还是一条线上点的数量更大？这个问题探讨了无穷数之间的关系。他认为要比较两个无穷数的大小，可以将它们进行配对，在两个无穷数集合中，其中一个集合的每一个元素都可与另一个集合的每个元素搭配成一对，到最后两个集合中都没有剩余的元素，那么代表这两个集合的无穷数就是相等的。若其中一个集合中的元素有剩余，我们就可以说代表这个集合的无穷数比另一个更大或更强。以所有奇数和所有偶数构成的两个无穷数列作为例子，运用上述方法建立对应关系：

$$1\ 3\ 5\ 7\ 9\ 11\ 13\ 15\ 17\ 19\cdots\cdots$$
$$\updownarrow\updownarrow\updownarrow\updownarrow\updownarrow\updownarrow\updownarrow\updownarrow\updownarrow\updownarrow$$
$$2\ 4\ 6\ 8\ 10\ 12\ 14\ 16\ 18\ 20\cdots\cdots$$

图 3.1　奇数数列与偶数数列的对应关系

根据康托尔的无穷数比较法则，这两个无穷数列的项数无疑是一样的。但若是建立所有偶数和所有正整数的配对关系来比较它们的多少，就会发现：

$$1\ 2\ 3\ 4\ 5\ 6\ 7\ 8\cdots\cdots$$
$$\updownarrow\updownarrow\updownarrow\updownarrow\updownarrow\updownarrow\updownarrow\updownarrow$$
$$2\ 4\ 6\ 8\ 10\ 12\ 14\ 16\cdots\cdots$$

图 3.2　偶数数列与正整数数列的对应关系

根据康托尔的无穷数比较法则，我们必须承认所有偶数的数量和所有正整数的数量是相等的。这似乎与感觉不符合。根据这个法则，还可以证明所有分数的数量和所有正整数的数量是相等的。将所有的分数按规律排成一列，即 1/1，2/1，1/2，3/1，2/2，1/3……在此过程中可以得到一个无穷的分数数列，其中包含所有的分数。将这些分数与正整数对应，即可得出二者相等的结论。

如此看起来，无穷数似乎都是相等的，但其实存在比所有的正整数数量和所有的分数数量都大的无穷数。研究康托尔提出的所有正整数数量和一条线段上所有点的数量多少问题后，便能发现一条线段上点的数量要多于所有正整数的数量。将一条1英寸线段上的点与正整数数列上的数建立对应关系，每一个点都可以用它到线段端点的距离来表示，即用无限不循环小数来表示，如0.7350478001529……或0.17264950325……。

英寸 yīngcùn
inch

N^*	
1	0.38602563078……
2	0.57350762050……
3	0.99356753207……
4	0.25763200456……
5	0.00005320562……
6	0.99035638567……
7	0.55522730567……
8	0.05277365642……
……	

图 3.3　正整数数列与一英寸线段上的点的对应关系

若使用上图的对应关系，必须保证所有小数一定会出现在这张表格上。但我们总可以找到一个不在上述表格中的小数。只要在第一个小数位写上与表中1号小数的第一位数不同的数字，第二小数位上写上与2号小数的第二位数字不同的数字……这样下去，表中的第 x 号小数的第 x 位就一定不同。因此，线段上的点与所有正整数之间无法建立对应的关系，这也表明一条线段上的点所代表的无穷数要大于所有正整数所代表的无穷数。

上面讨论的是1英寸长的线段，但根据无穷数计算法则，其实很容易证明任何长度的线都是一样的，其无穷数都相等。这就是无穷数的神秘之处。

◎ 注释

1. 分数数列（fractional sequence）：由分数构成的一组有规律的数。
2. 无限不循环小数（non-repeating decimal）：小数点之后的数字有无限个，并且不会循环，这样的小数称为无限不循环小数。

■ 练习

1. 选词填空

单位　原子　公式　数列　集合

（1）宇宙中的沙粒不会超过一千万个第八级（　　　）。

（2）无穷数在没有（　　　）表达的情况下，如何比较大小？

（3）经计算，宇宙中约存在 3×10^{74} 个（　　　）。

（4）比较两个无穷数的大小，可以将它们代表的（　　　）进行一一配对。

（5）一组有规律的数叫作（　　　）。

2. 连词成句

（1）端点　线段　一条　两个　有

_____。

（2）比　都　科学家能记录的　无穷数　大　所有数字

_____。

（3）探讨了　关系　这个问题　无穷数　之间　的

_____。

（4）所有分数　将　排成　按规律　一列

_____。

（5）存在　多少个　一条直线　上　点

_____？

3. 根据文章内容判断正误

（1）大数就是无穷数。　　　　　　　　　　　　　　　　　　　　　　　（　　）

（2）偶数的数量和奇数的数量不一样。　　　　　　　　　　　　　　　　（　　）

（3）所有分数的数量比所有正整数数量大。　　　　　　　　　　　　　　（　　）

（4）无穷数比数学家无论花费多长时间所记录的数字都大。　　　　　　　（　　）

（5）一条线段上的点的数量是比所有的整数和所有的分数的数量都大的无穷数。（　　）

4. 根据文章内容，选择正确答案

（1）要比较两个无穷数的大小，可以将它们进行（　　　）。

A. 一一配对　　　　　B. 直接比较　　　　　C. 按规律排列　　　　　D. 相减

（2）所有奇数的数量和所有偶数的数量相比，（   ）。

A. 偶数的数量大　　　　　　　　　　B. 奇数的数量大

C. 相等　　　　　　　　　　　　　　D. 以上都错

（3）所有正整数的数量和一条线段上的点的数量相比，（   ）。

A. 所有正整数的数量大　　　　　　　B. 一条线段上的点的数量大

C. 相等　　　　　　　　　　　　　　D. 以上都错

（4）1英寸线段上可以写出（   ）的无限不循环小数。

A. 无穷　　　　　　　　　　　　　　B. 10^{63}

C. 相同　　　　　　　　　　　　　　D. 3×10^{74}

5. 根据文章内容回答问题

（1）无穷小的线段上的点的数量和所有自然数的数量谁更多？

（2）所有分数集合代表的无穷数和所有整数集合代表的无穷数谁更大？

文章二（通读）

神奇的斐波那契数列

数列就是一组有序排列的数字，它们不仅在大自然中广泛存在，而且可以应用到人们的生活中。

想象这样一种情况，1月的时候，有一对小兔在森林中出生了。2月，这对小兔长大了。3月，这对小兔就能够生孩子了。此后，每个月它们都可以生下一对新的小兔。如果它们永远不会死，那么n个月后，大森林中会有多少对小兔？答案是这样的：1月时，只有一对兔子，2月还是一对兔子，但是3月这对小兔长大了，它们生了一对新的小兔，4月时它们又生了一对小兔，3月新出生的小兔继续长大。在5月时，原来的那对兔子继续生新的小兔，3月出生的小兔在这个月也有了生孩子的能力，可以生一对新的小兔，那么5月就会有五对小兔。到了6月，兔子就变成了八对……用文字描述这个数列的增长很复杂，但是用数学表达式就很简单：取前两个数，加起来：1+1=2，再把新的数加上前一个数：1+2=3，像这样：2+3=5，5+3=8，8+5=13……用一个递推公式表示就是 $F_n=F_{n-1}+F_{n-2}$（n ≥ 3）。我们可以看到，

有序 yǒuxù
orderly

表达式 biǎodáshì
expression

递推公式
dìtuī gōngshì
recurrence
formula

理工中文

这是一组有规律的数字，1、1、2、3、5、8……这组有规律的数字最先出现在数学家斐波那契的研究中。

虽然森林中的小兔不会每个月只生一对小兔，也不可能永远不死，但斐波那契数列在数学和生活以及自然界中都非常有用，小到解决小学的找规律问题，大到解决最先进的科技难题。

大自然中，花瓣的数量是斐波那契数列，向日葵沿曲线方向按斐波那契数列排列，松塔也是如此。小鸟的繁衍也遵从斐波那契数列，树叶的生长也存在斐波那契数列的规律。

花瓣 huābàn petal
向日葵 xiàngrìkuí sunflower
松塔 sōngtǎ pinecone
繁衍 fányǎn multiply, reproduce

（a）　　（b）

图 3.4　松塔、向日葵

不仅如此，斐波那契数列和人们的生活也有非常密切的联系。天文学家开普勒曾经发现，斐波那契数列前一项和后一项的比值（1/2，2/3，3/5，5/8，8/13，13/21，21/34……）会趋近于一个数，这个数为（$\sqrt{5}-1$）/2，约等于 0.618，这就是黄金分割比例。如果一个人从肚脐到脚底的距离与其身高的比值接近 0.618，则说明这个人的身材比例和谐，看起来极具美感。一条根据这种黄金分割比例作出的曲线被称为斐波那契曲线，也称为"黄金螺旋曲线"。自然界很多的事物都遵守这个数列的规律。斐波那契数列在现代化学中也有所体现。假设现在有一些氢原子，一个电子最初在的位置是最低的 0 能级，属于稳定状态。它获得能量后便会上升到第 1 能级或者第 2 能级。然后再让这气体放出能量，这时在 1 级能级的电子就要下降到 0 能级，而在第 2 能级的可能下降到 0 能级或者第 1 能级。此时电子的状态可能的情形是：1、2、3、5、8、13、21……这是斐波那契数列的一部分。此外，科学家利用这样的规律发现了一种介于晶体与非晶体之间的物质——准晶体。它与晶体主要不同的地方是不具有平移对称的特点。这种准晶体在生活中可以用来制造发光二极管和热电能转换设备等。

螺旋 luóxuán helix

准晶体 zhǔnjīngtǐ quasicrystal
发光二极管 fāguāng èrjíguǎn light-emitting diode
电能 diànnéng electric energy

斐波那契数列出现在人们的生活、工作的各个角落，作为数列研

-34-

究中最重要的规律之一，被科学家们应用在物理、化学、计算机等多个领域。

注释

原子（atom）：化学反应不可再分的基本微粒，原子在化学反应中不可分割。

■ 练习

1. 选词填空

> 递推公式　能级　二极管　晶体

（1）在近代化学的不断进步中，一种介于（　　）与非（　　）之间的准晶体被人们发现。

（2）这种准晶体在生活中可以用来制造不粘锅、发光（　　）和热电能转换设备等。

（3）假定我们现在有一些氢原子，一个电子最初所处的位置是最低的（　　），属于稳定状态。

（4）可以用（　　）来表示一组有规律的式子。

2. 根据文章内容判断正误

（1）根据斐波那契数列作的曲线被称为"黄金螺旋曲线"。　　　　（　　）

（2）递推公式最早出现在斐波那契的研究中。　　　　　　　　　（　　）

（3）大自然中很多现象都遵循斐波那契数列的规律。　　　　　　（　　）

3. 回答问题

（1）请根据文章所述内容画出小兔子繁衍的树状图。

（2）自然界中还有哪些现象也遵循斐波那契数列的规律？请查阅资料并介绍一下。

文章三（略读）

等比数列与级数

在微积分发展的历史上有这样一个笑话。一群数学家走进一间酒吧。第一个人说："我要一杯啤酒。"第二个人说："我要半杯啤酒。"第三个人说："我要1/4杯啤酒。"第四个人说："我要1/8杯啤酒。"酒吧的服务员一边递给他们两杯啤酒，一边大声说："我知道你们的极限！"

递 dì hand over

上面的笑话中存在一个无穷级数求和的式子：

$$1+1/2+1/4+1/8+\cdots=2$$

我们知道有很多方法可以证明这个式子。假设你朝 2 米外的窗户走去，第一步正好是 1 米，第二步是 0.5 米，然后是 1/4 米、1/8 米，以此类推，最后肯定会无限接近那扇窗户。也就是说，步数的总和等于 2 米。也可以用归纳法来求表示这个式子的和，如图 3.5：

$1+\frac{1}{2}+\frac{1}{4}+\frac{1}{8}+\cdots$ 的部分和		
1	$=1$	$=2-1$
$1+\frac{1}{2}$	$=1\frac{1}{2}$	$=2-\frac{1}{2}$
$1+\frac{1}{2}+\frac{1}{4}$	$=1\frac{3}{4}$	$=2-\frac{1}{4}$
$1+\frac{1}{2}+\frac{1}{4}+\frac{1}{8}$	$=1\frac{7}{8}$	$=2-\frac{1}{8}$
$1+\frac{1}{2}+\frac{1}{4}+\frac{1}{8}+\frac{1}{16}$	$=1\frac{15}{16}$	$=2-\frac{1}{16}$
$1+\frac{1}{2}+\frac{1}{4}+\frac{1}{8}+\frac{1}{16}+\frac{1}{32}$	$=1\frac{31}{32}$	$=2-\frac{1}{32}$
……	……	……

图 3.5 归纳法求和的计算过程

由此推之，$1+1/2+1/4+1/8+\cdots 1/2^n=2-1/2^n$。

通过归纳，可推出等比数列有如下定理：

当 $x\neq 1$ 且 $n>0$ 时，有：$1+x+x^2+x^3+x^4+\cdots x^n=\dfrac{1-x^{n+1}}{1-x}$

证明如下：

令

$$S=1+x+x^2+x^3+\cdots+x^{n-1}+x^n \quad (1)$$

两边同时乘 x，得：

$$xS=x+x^2+x^3+x^4+\cdots+x^n+x^{n+1} \quad (2)$$

（1）-（2）得：

$$S-xS=1-x^{n+1}$$

也就是说，$S(1-x)=1-x^{n+1}$，即 $S=\dfrac{1-x^{n+1}}{1-x}$。

当 $x=1/2$ 时，n 不断增大，$1/2^n$ 会趋于 0，上面的式子就会等于 2。

一般地，对于 $-1 \sim 1$ 之间的数，如果无限增加它的指数，幂的值就会无限趋近于 0。

这样的例子还有很多，如图 3.6：

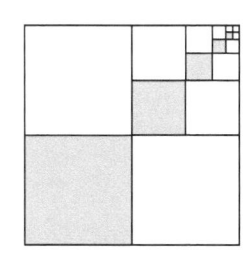

图 3.6 求灰色部分的面积

图中灰色部分的面积可以使用等比数列求和公式来解决，令 $x=1/4$，得：

$$1/4+1/16+1/64+1/256+\cdots=1/3$$

我们还可以用等比数列求和的方法来求证 $0.9999\cdots$ 是否等于 1 的问题。这是因为 $0.9999\cdots$ 其实就是"包装"后的无穷级数。可以做如下证明：

包装 bāozhuāng decorate

$$\begin{aligned} 0.9999\cdots &= \frac{9}{10}+\frac{9}{100}+\frac{9}{1000}+\frac{9}{10000}+\cdots \\ &= \frac{9}{10}\left(1+\frac{1}{10}+\frac{1}{100}+\frac{1}{1000}+\cdots\right) \\ &= \frac{9}{10}\left(\frac{1}{1-1/10}\right) \\ &= \frac{9}{10-1} \\ &= 1 \end{aligned}$$

图 3.7 求证 $0.9999\cdots$ 是否等于 1

虽然结果令人吃惊，但等比数列求和的方法的确证明了这个式子成立。

我们在求解概率问题时，利用等比数列和无穷级数也是一种巧妙的方法。假设投两个色子，若结果不是 6 点和 7 点，就继续。若先掷出 6 点就赢，否则就输。那么赢得此游戏的概率为多少？每次投色子都将出现 6×6 个概率相同结果中的一个。第一次投就胜利的概率是 5/36，第二次是（25/36）×（5/36），第三次是（25/36）×（25/36）×（5/36），第四次是（25/36）³×（5/36）……把所有这些概率加在一起，就是胜利的概率：

色子 shǎizi dice
掷 zhì cast

$$\frac{5}{36} + \left(\frac{25}{36}\right)\left(\frac{5}{36}\right) + \left(\frac{25}{36}\right)^2\left(\frac{5}{36}\right) + \left(\frac{25}{36}\right)^3\left(\frac{5}{36}\right) + \cdots\cdots$$

$$= \frac{5}{36}\left[1 + \frac{25}{36} + \left(\frac{25}{36}\right)^2 + \left(\frac{25}{36}\right)^3 + \cdots\cdots\right]$$

$$= \frac{5}{36}\left(\frac{1}{1-25/36}\right)$$

$$= \frac{5}{36-25}$$

$$= \frac{5}{11}$$

图 3.8　投色子胜利概率的计算过程

■ 练习

1. 根据文章内容回答问题

（1）服务员说的"极限"是多少？

（2）0.9999……是否等于 1？为什么？

2. 小组讨论

根据文章中对于投色子问题的描述，试求第五次投获胜的概率。

四　听说训练

数列是一组有序的数，它可能有有限的项，也可能有无穷项，其中有无穷项的数列叫作无穷数列。我们已经学过把有限的数列各项加起来并计算结果，即数列的求和。把无限的数列各项加起来并计算结果的过程，叫作求级数。我们在求级数，即把无限的数列各项加起来时会发现，有的数列之和可能是无穷大的，有的数列之和会趋近于一个数。这是求级数的时候会遇到的两种不同的情况。它们分别是级数的发散和收敛性质。

■ 练习

1. 请听文章第一部分，根据听到的内容判断正误　🎧 03-04

（1）小鸟一共飞行了 100 千米。　　　　　　　　　　　　　　　　（　　）

（2）冯·诺依曼是用无穷级数的方法求解小鸟飞行距离的。　　　　（　　）

（3）小鸟每一次飞行距离都是上一次的 1/3。　　　　　　　　　　 （　　）

2. 请听文章第二部分，根据听到的内容填写下列表格 🎧 03-05

第一次分到的苹果	1/4
第二次分到的苹果	
第三次分到的苹果	
……	……
第 n 次分到的苹果	
一共分到的苹果	

3. 小组讨论

如何定义收敛级数？

五 能力拓展

■ 练习

1. 把下面的内容缩写到 80 字以内

　　假设现在有一些氢原子，一个电子最初在的位置是最低的 0 能级，属于稳定状态。它获得能量后便会上升到第 1 能级或者第 2 能级。然后再让这气体放出能量，这时在 1 级能级的电子就要下降到 0 能级，而在第 2 能级的可能下降到 0 能级或者第 1 能级。此时电子的状态可能的情形是：1、2、3、5、8、13、21……

2. 表达

说一说斐波那契数列在生活中还有哪些应用。

六 词语进阶

公元前	计数法	限度	精确	无穷数	配对	集合
对应	无疑	偶数	英寸	有序	表达式	递推公式
花瓣	向日葵	松塔	繁衍	螺旋	准晶体	发光二极管
电能	递	式子	假设	类推	幂	包装
色子	掷	无穷数列	无穷级数	收敛级数	发散级数	冯·诺依曼

第四章 密码与矩阵

一　话题热身

1. 在我们的生活中哪些地方会用到密码？
2. 你认为自己设置的密码安全吗？为什么？
3. 你觉得一个安全性强的密码具备哪些特点？

二　词语储备

1. 科技词语　04-01

替换（动）	tìhuàn	replace
密码（名）	mìmǎ	password
明文（名）	míngwén	plaintext
加密（动）	jiāmì	encrypt
密文（名）	mìwén	ciphertext
解密（动）	jiěmì	decrypt
行列（名）	hángliè	row and column
逆时针（形）	nìshízhēn	anticlockwise
顺时针（形）	shùnshízhēn	clockwise
矩阵（名）	jǔzhèn	matrix
保密性（名）	bǎomìxìng	confidentiality
编码（动）	biānmǎ	code
余数（名）	yúshù	remainder
破译（动）	pòyì	decode
线性代数（短语）	xiànxìng dàishù	linear algebra
数表（名）	shùbiǎo	numerical table
常数（名）	chángshù	constant
初等变换（短语）	chūděng biànhuàn	elementary transformation
未知数（名）	wèizhīshù	unknown number

保障（动/名）	bǎozhàng	safeguard (v.)/guarantee (n.)
账户（名）	zhànghù	account
账号（名）	zhànghào	account number
无序性（名）	wúxùxìng	disorder, irregularity
倒序（名）	dàoxù	reverse order
程度（名）	chéngdù	degree

2. 专有名词 04-02

波利比奥斯方阵	Bōlìbǐ'àosī Fāngzhèn	Polybius Square
凯撒（人名）	Kǎisǎ	Caesar
希尔（人名）	Xī'ěr	Hill
西尔维斯特（人名）	Xī'ěrwéisītè	Sylvester
凯莱（人名）	Kǎilái	Cayley
《九章算术》（书名）	Jiǔ Zhāng Suànshù	*The Nine Chapters on the Mathematical Art*

■ 练习

1. 将词语与其拼音连线

矩阵　　　　　　pòyì

行列　　　　　　xiànxìng dàishù

线性代数　　　　hángliè

破译　　　　　　zhànghù

账户　　　　　　jǔzhèn

2. 听录音，选择你听到的科技词语 04-03

（1）A. 常数　　B. 余数　　C. 奇数　　D. 偶数　　（　　）

（2）A. 逆时针　B. 顺时针　C. 计时器　D. 逆运算　（　　）

（3）A. 密文　　B. 秘密　　C. 密码　　D. 加密　　（　　）

3. 选词填空

　　　　　　倒序　　矩形　　未知数　　保密性

（1）求解方程中（　　　）的值的过程，叫作解方程。

（2）顾名思义，矩阵是一个（　　　）数表。

（3）如果手机解锁密码被设置成一串连续数字，那么它的（　　　）会很差。

（4）请将253746这串数字按（　　　）排列。

三 阅读训练

📖 文章一（精读）

替换密码中的智慧

密码在我们的日常生活中随处可见，比如：保险箱密码、银行卡密码、手机解锁密码、防盗门密码等。它们为我们的人身、财产、信息安全筑起了一道坚实的屏障，将潜在的危险隔绝于屏障之外。实际上，无论是在科学技术欠发达的古代，还是在信息技术高速发展的今天，密码的本质作用都是一样的，即隐匿真实信息，从而达到保护信息的目的。只不过随着科学技术的不断发展，密码的科学性、复杂性提高了，种类也在不断丰富，密码的安全性也就随之提高了。接下来，我们就借着比较经典的替换密码来领略一下蕴藏在密码学中的智慧。

在正式介绍替换密码之前，我们还必须了解几个密码学的专业术语，以便我们顺利地推开密码学的大门。（1）明文：没有进行加密处理、能够直接代表原文含义的信息；（2）密文：经过加密处理、隐藏原文含义的信息；（3）加密：将明文转换成密文的操作过程；（4）解密：将密文转换成明文的操作过程；（5）密码：按特定法则编成，用以对通信双方进行明密变换的符号；（6）替换密码：依据事先建立好的替换表，将明文中的每个字母替换成相应的密文字母、数字或符号，从而生成无意义的密文。

替换密码作为比较经典的密码类型之一，从古至今产生了许多有趣的案例，这里我们简单介绍两个，以此感受一下密码学的魅力。

一、棋盘密码

棋盘密码，是利用波利比奥斯方阵（如图4.1）进行替换的加密方式，产生于公元前二世纪的希腊，相传是世界上最早的一种密码。这种替换密码的加密方式是将明文信息中的字母替换成与之对应的行列数对，从而实现信息加密。比如：明文信息是"HOSPITAL"，则它对应的密文信息就是"23 34 43 35 24 44 11 31"。（注：若明文中出现字母I、J，解密时要根据单词拼写或语义辨认具体是I还是J。）

防盗门 fángdàomén anti-theft door, burglar-proof door

隐匿 yǐnnì hide, conceal

领略 lǐnglüè appreciate

蕴藏 yùncáng contain

案例 ànlì case

魅力 mèilì charm

数对 shùduì pair of numbers

	1	2	3	4	5
1	A	B	C	D	E
2	F	G	H	I/J	K
3	L	M	N	O	P
4	Q	R	S	T	U
5	V	W	X	Y	Z

图 4.1　波利比奥斯方阵

二、凯撒密码

凯撒密码（如图 4.2），或称凯撒变换，是最简单且最广为人知的替换密码之一，因凯撒曾在罗马共和时期用此方法对重要的军事信息进行加密而得名。这种替换密码的加密方式是：将外圈的明文字母逆时针（或顺时针）旋转一个固定数目，旋转后明文信息中的字母被与之相对的内圈密文字母所替代，从而得到密文信息。比如：明文信息是"HERE I AM"，设定将明文字母顺时针旋转三位，A 对应 d，B 对应 e，依此类推，那么经过加密后得到的密文信息就是"khuh l dp"。

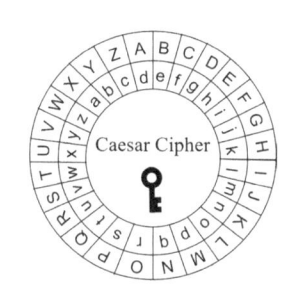

图 4.2　凯撒密码

广为人知
guǎngwéirénzhī
be widely known

军事　jūnshì
military

设定　shèdìng
set

■ **练习**

1. 词语连线

（1）密文　　　　　a. 密码

（2）典型　　　　　b. 术语

（3）专业　　　　　c. 案例

（4）手机　　　　　d. 危险

（5）潜在　　　　　e. 字母

2. 根据文章内容，选择正确答案

（1）文章主要是通过介绍哪种密码来让我们体会蕴藏在密码学中的智慧的？（   ）
A. 手机解锁密码   B. 替换密码   C. 防盗门密码   D. 保险箱密码

（2）随着科学技术的不断发展，密码学也随之发展进步。密码学的进步体现在什么方面？（   ）
A. 科学性提高   B. 复杂性提高   C. 安全性提高   D. 以上均正确

（3）下列哪个词不是密码学的专业术语？（   ）
A. 密码   B. 秘密   C. 加密   D. 解密

（4）根据文章有关棋盘密码的介绍，判断下列哪一组明文信息与密文信息对应正确。（   ）
A. 明文：42/ 密文：R   B. 明文：B/ 密文：21
C. 明文：J/ 密文：25   D. 明文：M/ 密文：32

（5）利用凯撒密码及文中的加密方式，将"SCIENTIFIC"这条明文加密，得到的密文是？（   ）
A. vflhpxlilf   B. pzfbkqfcfz   C. vflhqwlilf   D. pzfdkpfcfz

3. 根据文章内容判断正误

（1）人们可以从明文中读出信息原本的含义。（   ）
（2）在使用替换密码给信息进行加密时，如果明文信息是一串字母，那么密文信息也一定是一串字母。（   ）
（3）在波利比奥斯方阵中，每个明文字母都有一个单独的位置。（   ）
（4）棋盘密码被用于军事信息加密。（   ）
（5）文章介绍了凯撒密码的得名原因。（   ）

4. 连词成句

（1）了解　几个　专业术语　让我们来　密码学的
_____。

（2）将　加密就是　转换成　明文　操作过程　密文的
_____。

（3）有趣的案例　替换　从古至今　产生了　许多　密码
_____。

（4）公元前　棋盘密码　希腊　二世纪的　产生于
_____。

（5）最简单 之一 凯撒密码 是 的 替换密码 最广为人知 且
_____。

5. 回答问题

（1）请用棋盘密码破解这条密文信息："54 34 45　11 42 15　44 23 15　12 15 43 44"。

（2）尝试着说说棋盘密码和凯撒密码这两种替换密码的优点和缺点。

文章二（通读）

矩阵知识对于密码学的贡献

　　无论是利用波利比奥斯方阵进行替换加密的棋盘密码，还是被用于军事信息加密的凯撒密码，都让我们见识到了古人在密码学领域展现出来的智慧。但与此同时，我们也不难发现这两种替换密码都存在一个明显的弊端，即替换密码中同一明文字母总是对应同一密文数字或字母，人们往往可以通过分析字母出现的频率、重复方式以及字母和字母之间的结合方式，将密码破解。由此可知，它们的保密性较差。

　　其实，密码学家希尔早就发现了传统替换密码中的这一弊病。于是，他在1929年根据数学中的矩阵原理发明了一种新的替换密码——希尔密码。这种密码的显著优势在于它可以将同一个明文字母加密成不同的密文字母，同时，多个明文字母也可能对应同一个密文字母，从而大大提高了密文信息的保密性。接下来我们就追随希尔的脚步，给"HELLO DOCTOR"这条明文信息进行加密。

　　第一步，假设1到26分别表示A到Z这26个英文字母，另外0表示空格。那么，将"HELLO DOCTOR"这个信息按上述方式进行编码，所得的数字信息就是：8，5，12，12，15，0，4，15，3，20，15，18。

　　第二步，设密码矩阵为 $M = \begin{pmatrix} 1 & 2 & 1 \\ 2 & 1 & 1 \\ 0 & 2 & 1 \end{pmatrix}$，并将上面12个数按顺序每三个组成一个列向量，从而得到一个三行四列的矩阵

| 弊端 bìduān disadvantage |
| 频率 pínlǜ frequency |
| 追随 zhuīsuí follow |
| 空格 kònggé blank space |
| 向量 xiàngliàng vector |

$$B = \begin{pmatrix} 8 & 12 & 4 & 20 \\ 5 & 15 & 15 & 15 \\ 12 & 0 & 3 & 18 \end{pmatrix}。$$

第三步，将密码矩阵 M 与明文信息对应的矩阵 B 相乘，得到乘积矩阵 A。

（注：矩阵乘法的运算前提是左边矩阵的列数等于右边矩阵的行数，如矩阵 M 有 3 列，矩阵 B 有 3 行，刚好相等，故可以相乘；矩阵乘法的运算方式是乘积矩阵 A 的第 i 行、第 j 列元素等于 M 的第 i 行元素与 B 的第 j 列对应元素的乘积之和。如：乘积矩阵 A 的第 1 行第 1 列元素等于 1×8+2×5+1×12=30。）

$$MB = \begin{pmatrix} 1 & 2 & 1 \\ 2 & 1 & 1 \\ 0 & 2 & 1 \end{pmatrix} \begin{pmatrix} 8 & 12 & 4 & 20 \\ 5 & 15 & 15 & 15 \\ 12 & 0 & 3 & 18 \end{pmatrix} = \begin{pmatrix} 30 & 42 & 37 & 68 \\ 33 & 39 & 26 & 73 \\ 22 & 30 & 33 & 48 \end{pmatrix} = A$$

第四步，将乘积矩阵 A 中的每个数除以 27，所得的余数构成一个新的矩阵。

$$A = \begin{pmatrix} 30 & 42 & 37 & 68 \\ 33 & 39 & 26 & 73 \\ 22 & 30 & 33 & 48 \end{pmatrix} = \begin{pmatrix} 3 & 15 & 10 & 14 \\ 6 & 12 & 26 & 19 \\ 22 & 3 & 6 & 21 \end{pmatrix} (\mathrm{mod}\,27)$$

第五步，将新矩阵中每个数字替换成相应字母或空格，得到密文矩阵。

$$\begin{pmatrix} 3 & 15 & 10 & 14 \\ 6 & 12 & 26 & 19 \\ 22 & 3 & 6 & 21 \end{pmatrix} = \begin{pmatrix} C & O & J & N \\ F & L & Z & S \\ V & C & F & U \end{pmatrix}$$

第六步，将密文矩阵中的字母从左至右逐列写出，就得到了加密后的密文信息"CFVOLCJZFNSU"。

用这种方法加密信息，同一个字母 L 被加密成不同的字母 V、O，而字母 H 和空格都被加密成了字母 C，这样就大大提高了破译难度，有效保证了传递信息的秘密性。由此可见，希尔密码的产生将替换密码的科学性提升到了一个新的高度。

相乘 xiāngchéng multiply
乘积 chéngjī product
前提 qiántí premise

练习

1. 选词填空

> 保密性　明文字母　破解　替换密码　矩阵原理

（1）棋盘密码和凯撒密码是两种非常经典的（　　　）。

（2）人们可以通过分析字母出现的频率、重复方式等，将密码（　　　）。

（3）希尔根据（　　　）发明了一种新的替换密码——希尔密码。

（4）希尔密码可以将同一个（　　　）加密成不同的密文字母。

（5）与棋盘密码和凯撒密码相比，希尔密码的（　　　）更强。

2. 根据行文顺序给下列句子排序，并在括号内填入1、2、3、4

（　　）介绍了一种保密性更强的密码——希尔密码。

（　　）说明了棋盘密码和凯撒密码保密性较差的原因。

（　　）举例说明了希尔密码相对于传统替换密码保密性更强的原因。

（　　）展示了运用希尔密码加密"HELLO DOCTOR"这条明文信息的过程。

3. 根据加密"HELLO DOCTOR"这条明文信息的"第三步"，学习一下矩阵乘法是如何运算的，并尝试解决下面这个矩阵乘法运算题

$$\begin{pmatrix} 4 & 3 & 1 \\ 1 & -2 & 3 \\ 5 & 7 & 0 \end{pmatrix} \begin{pmatrix} 7 \\ 2 \\ 1 \end{pmatrix} =$$

文章三（略读）

矩阵的历史渊源

更多有关矩阵的知识，我们会在大学的线性代数这门课程中学到。这一节，我们先简要介绍一下矩阵的产生和它在中国古代数学中的存在形式。

矩阵，一个矩形数表，它最初是由英国数学家西尔维斯特于1850年提出的，后来另一位英国数学家凯莱对其进行了深入研究，并得出了有关矩阵的系统理论。矩阵最早来自于方程组的系数及常数所构成的方阵，现在被普遍定义为由m×n个数排成的、用圆括号（或方括号）括起来的m行n列数表。矩阵的提出和发展，为数学分析、几何

方程组　fāngchéngzǔ
system of equations

系数　xìshù
coefficient

方阵　fāngzhèn
square matrix

括号　kuòhào
bracket

学、线性方程组等领域的研究和发展贡献了关键性的力量。

沿着历史的长河向前追溯，无独有偶，在公元一世纪的中国古代，也曾出现过有关矩阵知识的论述，如增广矩阵、矩阵的初等变换等，但当时的论述还未成体系。这些内容被记载于中国古代著名的数学典籍《九章算术》中的"方程"一章，接下来我们就一起领略一下矩阵知识在中国古代数学著作中是如何呈现的。

"假设有：

3捆上等禾，2捆中等禾，1捆下等禾，共产粮39斗；

2捆上等禾，3捆中等禾，1捆下等禾，共产粮34斗；

1捆上等禾，2捆中等禾，3捆下等禾，共产粮26斗。

问：

1捆上等禾、1捆中等禾、1捆下等禾各产粮多少斗？"

显然，这是一个含有三个未知数的线性方程组求实根的问题，中国古人是这样求解的。

首先，将各方案中所用到的三种禾的捆数和产粮数从右至左列成三列，如下列数表所示；

$$\begin{matrix} 1 & 2 & 3 \\ 2 & 3 & 2 \\ 3 & 1 & 1 \\ 26 & 34 & 39 \end{matrix}$$

第一步：用右列中第一个数3分别乘以中列、左列各数，再减去右列，一直减到中列、左列的第一个数为0，就得到了第二个数表；

$$\begin{matrix} 0 & 0 & 3 \\ 4 & 5 & 2 \\ 8 & 1 & 1 \\ 39 & 24 & 39 \end{matrix}$$

第二步：用中列的第一个非零数5乘以左列各数，再减去中列，一直减到左列的第二个数为0，最后除以9，就得到了第三个数表；并且，用第三个数表中左列的第四个数11除以左列的第三个数4，便得到了1捆下等禾的产粮数，$2\frac{3}{4}$斗；

$$\begin{matrix} 0 & 0 & 3 \\ 0 & 5 & 2 \\ 4 & 1 & 1 \\ 11 & 24 & 39 \end{matrix}$$

第三步：用左列中第一个非零数 4 乘以中列各数，再减去左列，最后除以 5，就得到了第四个数表；并且，用第四个数表中中列的第四个数 17 除以中列的第二个数 4，便得到了 1 捆中等禾的产粮数，$4\frac{1}{4}$ 斗；

$$\begin{matrix} 0 & 0 & 3 \\ 0 & 4 & 2 \\ 4 & 0 & 1 \\ 11 & 17 & 39 \end{matrix}$$

第四步：用左列中第一个非零数 4 乘以右列各数，再减去左列以及中列的二倍，最后除以 3，就得到了第五个数表；并且，用第五个数表中右列的第四个数 37 除以右列的第一个数 4，便得到了 1 捆上等禾的产粮数，$9\frac{1}{4}$ 斗。

$$\begin{matrix} 0 & 0 & 4 \\ 0 & 4 & 0 \\ 4 & 0 & 0 \\ 11 & 17 & 37 \end{matrix}$$

综上，1 捆上等禾产粮 $9\frac{1}{4}$ 斗，1 捆中等禾产粮 $4\frac{1}{4}$ 斗，1 捆下等禾产粮 $2\frac{3}{4}$ 斗。

实际上，以上内容我们都可以在大学的线性代数这门课中找到相对应的知识。首先，上述各个数表相当于增广矩阵；其次，数表的变换过程相当于矩阵的初等变换。由此可见，中国古代的数学典籍中的确留存着有关矩阵知识的印记。

■ 练习

1. 根据文章内容判断正误

（1）矩阵就是由方程组的系数所组成的方阵。（　　）

（2）矩阵这个概念是由英国数学家西尔维斯特于19世纪提出的。（　　）

（3）书写矩阵时，要将 m 行 n 列数表用圆括号或方括号括起来。（　　）

（4）矩阵被广泛应用于数学分析、几何学、线性方程组等领域。（　　）

（5）《九章算术》中涉及的矩阵知识是用于求解非线性方程组的。（　　）

2. 尝试运用你熟悉的方法求解下面这个线性方程组，并给你的同伴讲讲你是如何求解的

$$\begin{cases} 3x+2y+z=39 \\ 2x+3y+z=34 \\ x+2y+3z=26 \end{cases}$$

四 听说训练

你有自己的"小金库"吗？你通常把这笔钱存在各个软件的钱包里还是银行卡里呢？总之，你肯定把它放在了一个你认为最安全的地方。那么，这份安全是由谁来保障的呢？没错，就是密码。虽然密码看似是一串平平无奇的数字或符号，却在保护我们的财产安全上发挥着关键性的作用。

■ 练习

1. 请听文章第一部分，根据听到的内容选择正确答案　🎧 04-04

（1）银行卡密码可以保护各类人群的钱款，文中没有提到以下哪一类？（　　）

　A. 莘莘学子的求学经费　　　　B. 新婚夫妇的房、车月供

　C. 军人家属的慰问津贴　　　　D. 退休老人的生活保障

（2）一些简单的号码不建议被设为银行卡密码，其中不包括以下哪一种？（　　）

　A. 连续的数字　　　　　　　　B. 乱序的数字

　C. 身份证号　　　　　　　　　D. 社交账号

（3）理想的银行卡密码，不应具备以下哪个特点？（　　）

　A. 由数字构成　　　　　　　　B. 容易记忆

　C. 不易破解　　　　　　　　　D. 有顺序性

2. 请听文章第二部分，根据文章内容判断正误 🎧 04-05

（1）文章介绍了关于设置银行卡密码的两个思路。（　　）

（2）第一个设置银行卡密码的思路是让熟悉的号码变得无序。（　　）

（3）第二个设置银行卡密码的思路是通过数列"创造"密码，降低密码的记忆难度。（　　）

3. 请再听一遍文章的第二部分，根据文章内容填空 🎧 04-06

（1）可以将19861012这串由出生日期组成的号码，变成（　　）或（　　），以提高这串数字的无序性。

（2）根据斐波那契数列，将下面这串数列补充完整。2，3，（　　），8，（　　），（　　）。

（3）文章的最后提示我们，多个账户尽量不要使用同一个（　　）。

五　能力拓展

■ 练习

1. 把下面的内容缩写到200字以内

　　矩阵，一个矩形数表，它最初是由英国数学家西尔维斯特于1850年提出的，后来另一位英国数学家凯莱对其进行了深入研究，并得出了有关矩阵的系统理论。矩阵最早来自于方程组的系数及常数所构成的方阵，现在被普遍定义为由m×n个数排成的、用圆括号（或方括号）括起来的m行n列数表。矩阵的提出和发展，为数学分析、几何学、线性方程组等领域的研究和发展贡献了关键性的力量。沿着历史的长河向前追溯，无独有偶，在公元一世纪的中国古代，也曾出现过有关矩阵知识的论述，如增广矩阵、矩阵的初等变换等，但当时的论述还未成体系。这些内容被记载于中国古代著名的数学典籍《九章算术》中的"方程"一章。

2. 表达

（1）从棋盘密码、凯撒密码、希尔密码中任选一个替换加密方式，给你的同伴举例说明这种密码是如何进行加密的。

（2）请同学们课后查阅相关书籍或文章，找一找其他有关密码学的小故事，并与你的同伴交流。

六 词语进阶

防盗门	隐匿	领略	蕴藏	案例	魅力	数对
广为人知	军事	设定	弊端	频率	追随	空格
向量	相乘	乘积	前提	方程组	系数	方阵
括号	论述	增广矩阵	典籍	禾	实根	

第五章 概率统计

一 话题热身

1. 猜猜你的班级里有没有生日相同的两个人。你认为发生这件事的概率大吗？
2. 统计学被广泛应用于生活中的各个方面，你能举例说说吗？
3. 诸多学科和行业都搭上了互联网的快车，开始飞速发展。你能说说你所学的专业随着计算机技术的发展发生了怎样的变化吗？

二 词语储备

1. 科技词语　05-01

指标（名）	zhǐbiāo	target, index
统计（动）	tǒngjì	count(v.)
随机（副）	suíjī	randomly
抽取（动）	chōuqǔ	take out a part from a lump sum
样本（名）	yàngběn	sample
分布（动/名）	fēnbù	be distributed(v.)/distribution(n.)
平均值（名）	píngjūnzhí	average value
数据（名）	shùjù	data
软件（名）	ruǎnjiàn	software
绘制（动）	huìzhì	draw
指令（名）	zhǐlìng	instruction
决策（名）	juécè	strategic decision
资金（名）	zījīn	fund
盈利（名）	yínglì	profit
亏损（动）	kuīsǔn	lose, deplete

2. 专有名词　05-02

高尔顿（人名）	Gāo'ěrdùn	Galton

■ 练习

1. 将词语与其拼音连线

抽取　　　　shùjù

绘制　　　　yàngběn

样本　　　　juécè

决策　　　　huìzhì

数据　　　　chōuqǔ

2. 听录音，选择你听到的科技词语 🎧 05-03

（1）A. 指令　　B. 指示　　C. 指标　　D. 指数　　（　）

（2）A. 亏欠　　B. 亏损　　C. 亏本　　D. 亏空　　（　）

（3）A. 软件　　B. 课件　　C. 邮件　　D. 物件　　（　）

3. 选词填空

分布　资金　盈利

（1）洒水装置被均匀地（　　）在田野间。

（2）某人现在有10万元的闲置（　　）。

（3）公司必须有（　　）才能确保生存。

4. 请朗读下列词语，并分别用这三个词语造句

（1）统计：_____。

（2）随机：_____。

（3）平均值：_____。

三　阅读训练

文章一（精读）

打破直觉的概率运算

"概率"这个词，无论是在日常生活中，还是在过往的数学学习经历中，都经常被提及。在生活中，我们常说："早晨的天气这么好，看来今天下雨的概率不大。""他平时学习很努力，脑袋也聪明，大概率是会考上一所名牌大学的。""他们的感情一直很稳定，离婚的概率几乎为

0。"从这些语境中我们不难发现，说话者在运用"概率"一词时，是想表达根据某些现象推断某个事件发生的可能性是高还是低，带有很强的主观性和随意性。与之相比，"概率"在数学学科中的应用则更为严谨，更具科学性。在数学教材中，"概率"是这样定义的：用来刻画事件 A 出现的可能性大小的数量指标称为事件 A 的概率，记作 $P(A)$，这个数量指标的取值范围是 $[0, 1]$。当 $P(A)=0$ 时，代表事件 A 是不可能事件，即事件 A 永远不会发生；当 $P(A)=1$ 时，代表事件 A 是必然事件，即事件 A 一定发生。至于在具体问题中 $P(A)$ 的数值是多少，要通过准确地计算得出，并非是从主观上估计出来的。而且，凭主观判断得出的结果往往与实际运算结果有很大差距。接下来我们就用一个生动的案例感受一下概率运算所揭示的生活真相。

在你上学时是否有这样的经历？当班长在统计班级同学们的基本信息时，他惊奇地发现，班级中 A 同学和 B 同学居然是同月同日生，他将这个消息分享给班里的所有同学，在同学们为此感到惊讶的同时，A 同学和 B 同学更是禁不住感叹缘分的奇妙。之所以同学们的反应如此强烈，就是因为大家觉得在一个集体中出现两个生日相同的人的概率非常小。那么事实果真如此吗？

在一个集体中出现两个生日相同的人的概率到底多大？这个概率的大小是否与集体中所含成员的数量有关？与其凭借直觉判断，我们不如通过计算的方式来验证一下。

假设一个班级有 30 名学生，这 30 名学生的生日互不相同的概率是：

$$P=\frac{365}{365} \times \frac{365-1}{365} \times \frac{365-2}{365} \times \cdots\cdots \frac{365-29}{365} \approx 0.294$$

那么我们可以得出，在该集体中至少有两个人生日相同的概率是：

$$1-P \approx 0.706$$

由此可见，在一个 30 人的集体中，出现两个人生日相同的可能性还真不小呢！最初出于直觉的判断被有理有据的计算结果彻底推翻了。为了让事实更为清晰，更具说服力，这里我们还计算了在不同人数的集体中，至少有两人生日相同的概率。

通过阅读这个统计表中的信息，我们可以得出以下结论：当一个集体中只有10人时，出现两个人生日相同的概率只有0.117；当一个集体中有70人时，出现两个人生日相同的概率居然高达0.999；随着集体中的人数不断增多，生日相同的概率也不断增大。

居然 jūrán
unexpectedly

表4.1 一个集体中有两个人生日相同的概率统计表

集体中的人数	有两个人生日相同的概率（结果保留三位小数）
10	0.117
15	0.253
20	0.411
25	0.569
30	0.706
35	0.814
40	0.891
45	0.941
50	0.970
55	0.986
60	0.994
65	0.998
70	0.999

以上是通过计算的方法印证了在一个由三四十人构成的集体中，有两人生日相同并非小概率事件。你们也可以尝试用调查的方法去验证一下上面计算结果的真实性与可靠性。比如，你可以在你所就读的学校中，随机抽取10个班，每个班的人数最好在30以上，记录这10个班级的人数并收集他们的出生日期作为样本，看一看这些班级中有多少个班存在生日相同的人。

印证 yìnzhèng
confirm

■ 练习

1. 选词填空

> 必然事件　概率　数量指标　不可能事件　取值范围
>
> 通过阅读文章的第一段，我们了解到，（　　）是用来刻画事件发生可能性大小的（　　），这个数量指标的（　　）是[0，1]。如果事件A发生的概率为0，代表事件A是（　　）；如果事件A发生的概率为1，代表事件A是（　　）。

2. 根据文章内容判断正误

（1）生活中，当我们用"概率"一词描述某件事发生的可能性时，通常凭直觉来判断。（　　）

（2）在一个由30人构成的集体中，各成员生日均不相同的概率低于0.2。（　　）

（3）在一个由60人构成的集体中，两个人生日相同的概率高于0.9。（　　）

（4）在一个集体中，出现两个生日相同的人的概率大小与集体所含成员数量无关。（　　）

（5）作者在文章最后一段建议我们用调查法来验证一下计算结果的可靠性。（　　）

3. 连词成句

（1）不大　今天　看来　概率　下雨的

_____。

（2）"概率"　应用　严谨　在数学中的　更加

_____。

（3）班里的　他　将　分享给　这个消息　所有同学

_____。

（4）有理有据的　彻底推翻了　出于直觉的　计算结果　判断　被

_____。

（5）有两人　在一个　小概率事件　并非　由30人构成的集体中　生日相同

_____。

4. 根据文章内容回答问题

（1）请分别举出一个不可能事件和一个必然事件的实例。

（2）根据文中的统计表，你还能得出什么结论？请写出其中两条。

5. 课堂活动

根据文章最后一段的建议，你可以在自己的班级里做一个小调查，收集一下同学们的生日，看看是否有生日相同的同学。

文章二（通读）

高尔顿钉板与正态分布

1877年，英国科学家高尔顿为了研究有关遗传进化的问题，设计了一个名为高尔顿钉板的装置，试图运用统计学的方法来解释遗传现象。

高尔顿钉板如图 5.1 所示，木板上钉了几排等距排列的钉子，并且下一排的每个钉子都在上一排两个相邻钉子之间，钉板的顶端有一个小口用于放入小球，钉板的下方有若干个格子用于分隔储存来自不同路径的小球。从入口放进一个直径略小于两颗钉子间距的小球，小球在下落过程中，在钉板的每一层都会碰到一颗钉子，并且碰到每颗钉子后向左滚落或向右滚落的概率均为 $\frac{1}{2}$，直至掉进钉板下方的某个格子为止。如果把足够多的小球从钉板的入口处放下，那么小球在钉板下方的格子里就会堆积成类似于正态分布曲线的形状。

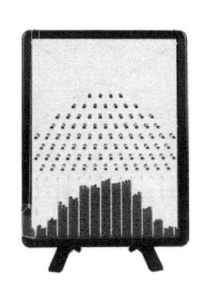

图 5.1 高尔顿钉板示意图

现在你的脑海中可能会浮现出两个问题。第一，为什么足够多的小球通过高尔顿钉板掉进下面的格子里，会呈现出中间多、两边少并且左右数量大致对称的情况？第二，高尔顿钉板的实验结果和正态分布曲线又存在什么样的关系？接下来我们一一解决。

第一，为什么足够多的小球通过高尔顿钉板掉进下面的格子里，会呈现出中间多、两边少并且左右数量大致对称的情况？我们以四层钉板为例，用概率的知识解释一下这一现象。首先，我们将小球下落过程中可能经过的位置用 a~n 这 14 个字母进行编号（如图 5.2 所示）；其次，用枚举法研究小球到达 j、k、l、m、n 这五个位置分别有多少种可能。

到达 j 位置，只有 1 种路径：a-c-f-j；

到达 k 位置，有 4 种路径：a-c-f-k、a-c-g-k、a-d-g-k、b-d-g-k；

到达 l 位置，有 6 种路径：a-c-g-l、a-d-g-l、a-d-h-l、b-e-h-l、b-d-h-l、b-d-g-l。

由于到达 m 位置的路径与到达 k 位置的路径左右对称，到达 n 位置的路径与到达 j 位置的路径左右对称，故可直接得出到达 m、n 位置分别有 4 种、1 种路径。

将以上小球可能经过的路径数加和，得到小球从上至下一共有 16 种可能经过的路径，并且经过每种路径的可能性相同，则我们可以得出到达 j、k、l、m、n 五个位置的概率分别是：$\frac{1}{16}$、$\frac{4}{16}$、$\frac{6}{16}$、$\frac{4}{16}$、$\frac{1}{16}$。由此，便回答了上面的第一个问题。

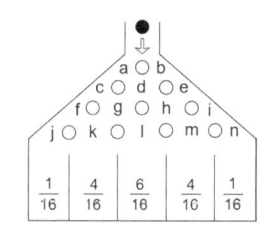

图 5.2　四层高尔顿钉板示意图

第二，高尔顿钉板的实验结果和正态分布曲线（如图 5.3 所示）存在什么样的关系，我们要从"正态分布"说起。"正态分布"又称"常态分布"，是一种连续型随机变量的概率分布，在数学、物理及工程等领域应用广泛，在统计学的许多方面更是影响重大。若随机变量 X 服从数学期望为 μ、方差为 σ^2 的正态分布，记作 $N(\mu, \sigma^2)$。其中，期望值 μ 反映的是概率分布的平均值，决定着概率密度函数图像在平面直角坐标系中的位置，正态分布曲线的对称轴就是 $x=\mu$；标准差 σ 反映的是概率分布的集中程度，决定着该函数图像的形状，σ 越大，随机变量的分布越分散，σ 越小，随机变量的分布越集中。$\mu=0$，$\sigma=1$ 时的正态分布为标准正态分布。生活中有许多随机变量都服从或近乎服从正态分布，比如一个班级同学的身高、体重、学习成绩，一批灯泡的使用寿命，一片土地上某作物的单位产量，等等。这是因为以上数量指标受很多随机因素影响，而影响的作用效果又不大，这种情况下数量指标就会服从正态分布，高尔顿钉板也是一样的道理。更为一般地，其实我们可以把世界看作是无数个随机粒子的随机组合状态，而这种随机组合状态趋向于平均分布的状态，就是正态分布。

期望 qīwàng
expectation
方差 fāngchā
variance
密度 mìdù
density
标准差 biāozhǔnchā
standard deviation
因素 yīnsù
factor
粒子 lìzǐ
particle

图 5.3　正态分布曲线

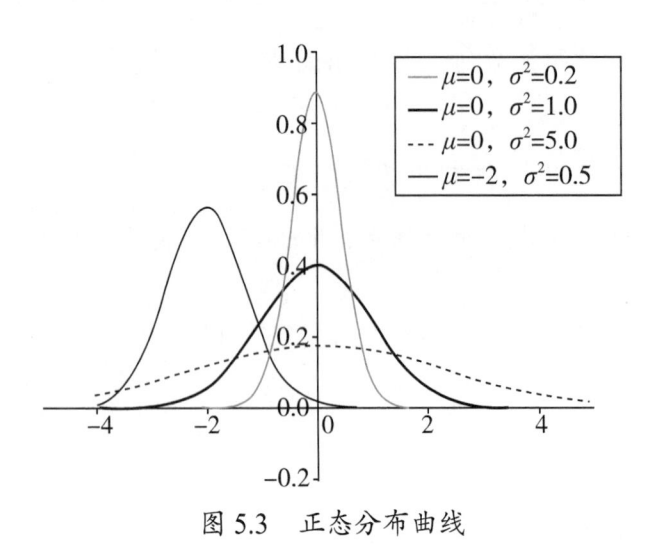

■ 练习

1. 根据文章内容判断正误

（1）英国科学家高尔顿为了研究有关统计的问题，设计了高尔顿钉板。（　）

（2）高尔顿钉板由三部分构成，分别是投放小球的入口、钉板和存放小球的格子。（　）

（3）在高尔顿钉板上，从第二排起，每一排钉子的数量都比它前一排钉子的数量多1。（　）

（4）在高尔顿钉板中，小球碰到每颗钉子后向左滚落或向右滚落的概率相同。（　）

（5）无论从钉板的入口处放下多少小球，小球在钉板下方的格子里都能堆积成正态分布曲线的形状。（　）

2. 选词填空

"正态分布"　集中程度　平均值　形状　位置

（　　）又称"常态分布"，是一种连续型随机变量的概率分布。若随机变量 X 服从数学期望为 μ、方差为 σ^2 的正态分布，记作 $N(\mu, \sigma^2)$。其中，期望值 μ 反映的是概率分布的（　　），决定着概率密度函数图像在平面直角坐标系中的（　　），标准差 σ 反映的是概率分布的（　　），决定着该函数图像的（　　）。$\mu=0$，$\sigma=1$ 时的正态分布为标准正态分布。

3. 课堂活动

（1）模仿文中描述的小球从入口到位置 k 的路径，试列出小球从入口到位置 m 的所有路径。

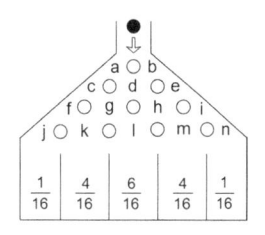

图 5.4 四层高尔顿钉板示意图

（2）根据文中对于正态分布曲线的描述，比较下图中 μ_1 和 μ_2、σ_1 和 σ_2 的大小，并说明理由。

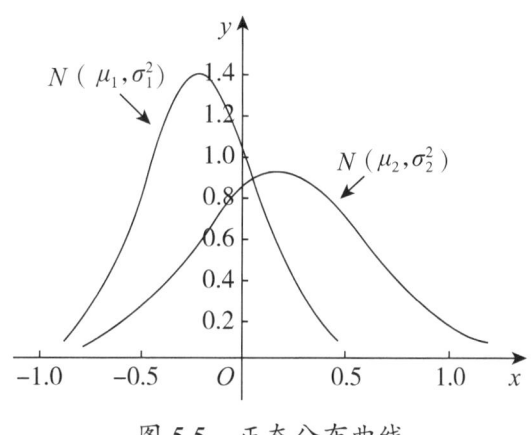

图 5.5 正态分布曲线

文章三（略读）

计算机技术与统计学协同发展

21世纪是计算机技术高速发展的时代，也是数据信息大爆炸的时代。身处这个时代背景下的我们，认知、思维乃至生活方式都已经被彻底改变。出行时，有导航系统、电子支付的贴心照顾；回家后，更是有各种智能家电的周到服务。能享受到这样触手可及的便捷生活，都归功于计算机对海量数据的高效处理，也可以说是计算机技术与统计学高度融合、相互促进、共同发展的结果。

一方面，计算机技术为统计学发展提供了强有力的技术支撑。回望上世纪，计算机技术尚不发达，传统的统计工作基本由统计人员手

爆炸 bàozhà
explode

导航 dǎoháng
navigation

工劳动完成，不仅工作量有限，而且统计结果的准确性和可靠性也有待商榷。而在当今这个信息化时代，从统计方法的选择到统计过程的开展，无不渗透着计算机技术的应用。比如，在统计数据的收集和整理阶段，可以用 Excel 软件将收集到的数据信息绘制成直方图、散点图、扇形图等，使数据特征更加鲜明直观；在统计分析阶段，也可以使用 SPSS 软件实现均值比较、方差分析、回归分析等统计分析功能。总之，计算机技术不仅实现了对数据的高效处理，而且在很大程度上推动了统计学的发展。

另一方面，如果说将计算机技术应用于统计学领域是为统计学发展踩下了一脚油门，那么掌握方向盘的还是统计学本身。在运用计算机处理数据以前，必须依据统计学理论保证收集到的数据真实、可靠，处理数据的方法得当、有效，才能更好地发挥出计算机的应用价值。

通过上面对于计算机技术和统计学协同发展的简要介绍，想必你对二者的交互作用已经有了初步的认识。接下来，我们再分享几条有关统计软件的使用建议。无论你是统计从业者，还是其他领域的学习者、工作者，这些建议都会对你今后的学习工作有所帮助。第一，掌握好统计学的基础知识，这是你能准确应用统计软件进行数据处理的前提；第二，做好前期数据收集工作，只有以准确的数据为依据，后面对于数据特征的判断才有意义；第三，做好统计结果分析，虽然统计软件会遵循操作者的指令进行数据分析，得出统计结果，但对于统计结果的评价依然要靠操作者自身来把握。

商榷 shāngquè discuss
渗透 shèntòu infiltrate
直方图 zhífāngtú histogram
散点图 sǎndiǎntú scatter diagram
扇形图 shànxíngtú pie chart, sector graph
油门 yóumén throttle, accelerator
方向盘 fāngxiàngpán steering wheel
协同 xiétóng cooperate
交互 jiāohù interactive
从业者 cóngyèzhě practitioner

注释

1. 均值比较（comparison of means）：是一种数据分析方法，目的是通过比较某组数据平均值与特定值，或多组数据的平均值，来衡量样本数据反映总体的真实程度，或被检验的数据与某个影响因素是否存在关联。

2. 回归分析（regression analysis）：是一种数据分析方法，目的在于了解变量之间的相关程度，通过观察特定变量来预测其他变量。

■ 练习

1. 根据文章内容选择正确答案

（1）计算机技术的飞速发展为我们的生活带来了诸多便利，其中不包括以下哪一项？
（　　）

A. 出行时，导航系统为我们指路，这样即使在陌生的环境下我们也不易迷路。

B. 学习时，互联网为我们提供丰富的学习资源，我们不必再亲自记忆知识。

C. 付款时，使用电子支付要比纸币支付方便很多。

D. 在家中，扫地机器人等智能家电解放了我们的双手。

（2）我们可以利用 Excel 软件将收集到的数据信息绘制成各种图表，文中没有提到以下哪一种图表？（　　）

A. 折线图　　　　B. 直方图　　　　C. 散点图　　　　D. 扇形图

（3）SPSS 软件可以实现诸多统计分析功能，文中没有提到以下哪一种分析功能？
（　　）

A. 均值比较　　　B. 方差分析　　　C. 回归分析　　　D. 时间序列分析

（4）下列有关计算机技术与统计学关系的论述，与文章内容不符的是哪一项？（　　）

A. 计算机技术是统计学发展的强大技术支撑。

B. 统计学为计算机的信息处理提供了科学的数据保证。

C. 只要准确掌握统计学的基础知识，就一定能用好统计软件。

D. 计算机技术与统计学高度融合、相互促进、共同发展。

（5）文章最后一段给出了三条有关统计软件的使用建议，其中不包括以下哪一项？
（　　）

A. 掌握好统计学的基础知识。

B. 掌握好统计软件的数据分析功能和结果评价功能。

C. 在统计工作前期，做好数据收集工作。

D. 在统计工作后期，做好统计结果分析。

2. 根据文章内容判断正误

（1）21 世纪，计算机技术发展迅速。　　　　　　　　　　　　　　　　（　　）

（2）传统的统计工作全部由统计人员手工完成。　　　　　　　　　　　（　　）

（3）计算机技术能够实现对数据的高效处理。　　　　　　　　　　　　（　　）

（4）对于数据特征的判断必须以准确的数据为依据。　　　　　　　　　（　　）

（5）统计软件可以替统计人员评估统计结果。　　　　　　　　　　　　（　　）

四 听力训练

统计学由于其自身具备的应用特性，与我们的日常生活关系密切，在我们身边随处都可以见到与统计学知识相关的例子。下面我们就一起通过两个示例来了解一下统计学在日常生活中是如何应用的。

■ 练习

1. 请听文章第一部分，根据听到的内容选择正确答案 🎧 05-04

（1）关于统计学，下列说法不正确的是哪一个？（　　）

A. 可以借助统计学知识探究现实背后的数量变化规律

B. 统计学可以决定事物的发展

C. 可以利用统计学知识构建模型

D. 统计学可以帮助指导现实工作

（2）统计学之所以与我们的日常生活关系密切，是因为它具有什么属性？（　　）

A. 客观性　　　　B. 准确性　　　　C. 应用性　　　　D. 基础性

（3）关于与统计学知识有关的例子，下列说法正确的是哪一个？（　　）

A. 政府可以利用统计学理论做出较为科学合理的决策

B. 个人可以利用统计学理论增强对事物的认知与理解

C. 无论是个人还是政府都可以用统计学来帮助做决策

D. 以上均正确

2. 请听文章第二部分，根据文章内容填空 🎧 05-05

（1）某（　　）公司出售的一种人身意外险单价为100元。

（2）如果有投保人发生意外，那么这个人最多会获得（　　）万元的赔付。

（3）个体意外身亡的（　　）仅有万分之一左右。

3. 请听文章第三部分，根据文章内容判断正误 🎧 05-06

（1）文章提到了两种处置闲置资金的方式，分别是存入银行和购买股票。（　　）

（2）将钱存入银行，虽然利息少一些，但至少不会亏损。（　　）

（3）投资股票的收益一定比把钱存入银行所获得的利息高。（　　）

（4）统计学的应用涉及生活的方方面面。（　　）

（5）统计学能直接给我们正确答案或者最优选择。（　　）

五 能力拓展

■ 练习

1. 把下面的内容缩写到 150 字以内

　　统计学是一门关注数据的学科，它通过探索现实背后的数量变化规律，构建模型，预测发展，进而指导现实工作。由于统计学自身具备较强的应用性，所以它与我们的日常生活有着紧密的联系，只要我们留心观察，就能发现身边有许多与统计学知识相关的例子。比如，在社会经济发展层面，政府可以利用统计学理论做出较为科学合理的决策；在个人认知与决策层面，利用统计学理论可以增强人们对事物的认知与理解。下面我们就一起通过两个示例来体会一下统计学在生活中的应用。

2. 表达

（1）如果高尔顿钉板上有五排钉子，那么钉板下方应有几个格子用于储存小球？小球落入每个格子的概率是多少？请回答这两个问题并为你的同伴讲讲这个有趣的概率题。

（2）请同学们课后查阅相关书籍或文章，找一找其他有关统计概率的小故事，并与你的同伴交流。

六 词语进阶

推断	严谨	取值范围	惊奇	缘分	凭借	直觉
验证	推翻	居然	印证	现象	实验	编号
枚举法	期望	方差	密度	标准差	因素	粒子
爆炸	导航	商榷	渗透	直方图	散点图	扇形图
油门	方向盘	协同	交互	从业者	探索	指导
投保人	赔付	理财	利息	存储		

第六章 汉字编码与输入法

一 话题热身

1. 你了解汉字输入法吗?

2. 请在你认识的汉字输入法后面画"√"。

百度输入法　　　　　　　(　　)

谷歌拼音输入法　　　　　(　　)

QQ 拼音输入法　　　　　 (　　)

五笔字型输入法　　　　　(　　)

搜狗手机输入法　　　　　(　　)

3. 请介绍一下你经常使用的汉字输入法。

二 词语储备

1. 科技词语　06-01

键盘（名）	jiànpán	keyboard
弱点（名）	ruòdiǎn	weakness
效率（名）	xiàolǜ	efficiency
操作系统（短语）	cāozuò xìtǒng	operating system
组配（动）	zǔpèi	match
屏幕（名）	píngmù	screen
上下文（名）	shàngxiàwén	context
语料库（名）	yǔliàokù	corpus
压缩（动）	yāsuō	compress
提取（动）	tíqǔ	extract

2. 专有名词　06-02

谷歌（公司名）	Gǔgē	Google
腾讯（公司名）	Téngxùn	Tencent

百度（公司名）	Bǎidù	Baidu
微软（公司名）	Wēiruǎn	Microsoft

■ 练习

1. 将词语与其拼音和释义连线

屏幕	tíqǔ	加压力使体积缩小
提取	píngmù	用于显示图像及色彩的电器
弱点	yāsuō	经过提炼而取得
压缩	ruòdiǎn	不够完备的地方；力量微弱的方面
键盘	jiànpán	用于操作设备运行的指令和数据输入装置

2. 听录音，选择你听到的科技词语 06-03

（1）A. 键盘　　　　B. 屏幕　　　　C. 组配　　　　D. 效率　　　　（　）

（2）A. 压缩　　　　B. 效率　　　　C. 弱点　　　　D. 屏幕　　　　（　）

（3）A. 语料库　　　B. 组配　　　　C. 上下文　　　D. 弱点　　　　（　）

（4）A. 操作系统　　B. 屏幕　　　　C. 压缩　　　　D. 弱点　　　　（　）

（5）A. 屏幕　　　　B. 提取　　　　C. 键盘　　　　D. 操作系统　　（　）

三　阅读训练

文章一（精读）

汉字输入法发展简史

汉字是记录汉语的符号，在计算机刚刚引进中国的时候，如何输入汉字成了一个难题。由于想不到好办法，有人甚至建议放弃汉字，改用拼音代替。此后，如何高效地进行汉字输入就成了一个研究热点。

放弃 fàngqì
abandon

汉字繁多，显而易见，计算机键盘不可能为每一个汉字造一个按键进行输入。因此，人们需要替汉字编码（输入汉字的代码），用多个键来输入一个汉字。在中文输入法的几十年的发展过程中，出现过上千种编码方法。

一般认为，最早的汉字输入法，是从1980年中国国家标准总局发布《信息交换用汉字编码字符集 基本集》GB 2312—1980以后，个人计算机开始使用拼音或者五笔字型输入汉字。汉字输入法主要有两条技术路线，一条是音码类，主要是以汉语拼音为基础的编码方案，如全拼码、双拼码等；另一条是形码类，是根据汉字的字形进行的编码，如五笔字型输入法、郑码输入法等。

由于学习汉语首先要学会汉语拼音，原本只是用来标记汉字读音的拼音也就可以自然地作为汉字的输入编码。拼音输入法有着这样天然的优势，但是也有其致命的弱点。那就是用拼音对汉字编码时，单字重码率异常高，即使是词组，重码率也是非常高的。而且，还有不少人因普通话并不标准，用拼音输入汉字面临很大的困难。当时的拼音输入法软件功能差，字序固定，不支持词组和整句输入，甚至文字不能和编码一起显示。在输入汉字的过程中常常要翻很多页才能找到需要的汉字，输入效率非常低。尽管当时很多人只会用拼音输入法，但大部分人都对拼音输入法的输入效率不太满意。

1983年8月，王永民推出了五笔字型输入法。五笔字型完全依据笔画和字形特征对汉字进行编码，是典型的"形码"。五笔字型输入法开创了电脑输入的中文时代，有人评价它为影响力"不低于活字印刷术"的伟大发明。五笔字型输入法效率高，但是用户需要经过专门的培训学习才能使用，熟练掌握这种输入法难度较大。在八十年代后期，又出现了另一种优异的形码输入法——郑码输入法。

从二十世纪八十年代后期开始，中国不断推广普通话，拼音输入法因为有易学易用、覆盖人群广的优势，被大家接受。1993年初，朱守涛发明了智能ABC输入法。它率先推出了联想、自动调频、记忆等功能，支持词组的全拼输入，支持用户造词，并可记忆所造词组的声母，使其自动出现在用户的下次输入首选词中间，最大程度地提高了输入效率。后来被微软收购，内置到Windows操作系统中。在随后几年中，智能ABC输入法成为中国大陆使用人数最多的输入法软件。另外，微软从Windows 95中文版开始，在系统中内置了支持整句输入功能的"微软拼音输入法"。

进入新世纪后，拼音输入法软件功能趋于成熟，正式进入了智能拼音输入法时代。这个时期的拼音输入法软件整合了以前拼音输入法软件的优点，提供了更大的词库，软件的智能性也更强，还拥有了更强的学习能力。代表性的产品有紫光拼音输入法，增加了智能组词功能，成为用户最喜欢的输入法之一。

随着互联网的快速发展，2006年6月，搜狐公司推出了Windows平台下的搜狗拼音输入法。这是基于搜索引擎技术的新一代的拼音输入法产品，用户可以通过互联网备份自己的个性化词库和配置信息。之后，谷歌、腾讯、百度和微软也推出了水平相近的智能拼音输入法：谷歌拼音输入法、QQ拼音输入法、百度输入法和必应输入法，拼音输入法从此占据了主流地位。

随着智能手机和平板电脑的流行，很多IT企业又开发了Android、iPhone、iPad的拼音输入法，如百度手机输入法、QQ手机输入法、搜狗手机输入法等。这些输入法延续了电脑端输入法的特点，同时针对触屏的特点提供了更为灵活的输入方式。此外，汉字的语音输入、手写输入也逐渐成熟起来。

平台 píngtái platform
引擎 yǐnqíng engine
个性化 gèxìnghuà personalized
配置 pèizhì configure
主流 zhǔliú mainstream

注释

活字印刷术（movable type printing）：中国古代四大发明之一，由宋代的毕昇所发明。

■ 练习

1. 选词填空

备份　标记　主流　发布　调频

（1）它率先推出了联想、自动（　　）、记忆等功能，支持词组的全拼输入，支持用户造词。

（2）用户可以通过互联网（　　）自己的个性化词库和配置信息。

（3）由于学习汉语首先要学会汉语拼音，原本只是用来（　　）汉字读音的拼音也就可以自然地作为汉字的输入编码。

（4）国家标准总局（　　）《信息交换用汉字编码字符集　基本集》GB 2312—1980以后，个人计算机开始使用拼音或者五笔字型输入汉字。

（5）之后，谷歌、腾讯、百度和微软也推出了水平相近的智能拼音输入法：谷歌拼音输入法、QQ拼音输入法、百度输入法和必应输入法，拼音输入法从此占据了（　　）地位。

2. 词语连线

搜索　　　　引擎

输入　　　　效率

技术　　　　输入法

拼音　　　　路线

3. 连词成句

（1）记录　是　汉语的　符号　汉字

_____。

（2）优势　输入法　天然的　有　拼音

_____。

（3）有　主要　汉字输入法　两条技术路线

_____。

（4）当时的　不支持　整句输入　拼音输入法软件

_____。

（5）新的　功能　增加了　组词　智能输入法

_____。

4. 根据文章内容判断正误

（1）如何输入汉字曾经是一个难题。　　　　　　　　　　　　（　　）

（2）计算机键盘可以为每一个汉字造一个按键进行输入。　　（　　）

（3）在中文输入法的几十年的发展过程中，出现过上千种编码方法。（　　）

（4）五笔字型输入法是音码类汉字输入法。　　　　　　　　（　　）

（5）郑码输入法因为易学易用、覆盖人群广的优势，被大家接受。（　　）

5. 小组任务

第一组：阅读第一段到第四段，填空。

（1）汉字输入法主要有两条技术路线，分别是_____和_____。

（2）拼音输入法的弱点表现在_____、_____、_____、_____。

第二组：阅读第五段到第七段，填空。

（3）20世纪80年代出现的中文输入法有_____和_____。

（4）新世纪拼音输入法的优势表现在：_____、_____、_____。

文章二（通读）

汉字部首与五笔字型输入法

一、汉字偏旁部首

"偏旁部首"常常连在一起说，但"偏旁"和"部首"不是一回事。它们虽然有些联系，却是两个不同的概念。

传统上，根据汉字的构成单位把汉字分成独体字和合体字两类。独体字（日、月、牛、羊、上、下，等等）由笔画构成，合体字（休、取、涉、森、竿、架，等等）则由偏旁构成。

偏旁是在汉字形体中常常出现的某些组成部分，是汉字的合体字不可分解的构字符号，如"位、住、俭、停"中的"亻"。每个偏旁本身都是汉字，只是因为它们使用少或可以被其他字代替，所以变成了生僻字。如"氵"，读"shuǐ"，它的含义同"水"。

部首是字典中各部开头的部件或笔画，具有字形分类作用。采用部首给汉字分类，始于东汉许慎的《说文解字》，它把9353个汉字分成540部。自2009年5月1日起施行的《汉字部首表》规定了汉字的部首表及其使用规则。

部件是由笔画构成的具有组配汉字功能的构字单位。部件是由笔画构成的，多数部件由一画以上的笔画构成，如构成"字"的部件为"宀"和"子"；少数部件是由一画构成的，如构成"亿"的部件"亻、乙"中的"乙"。

大部分部首是汉字的部件，如"指、持"的部首"扌"。有的部首是单一部件中的一个笔画，如"九、久"的部首"丿"。有的部首可以分成几个部件，如部首"音"可分成"立、日"两个部件。因此，部首不等于部件。

汉字输入计算机，除了可以按照拼音编码外，也可以根据字形来编码。但是经过实验发现，如果采用偏旁或部首对汉字直接进行编码，还是解决不了汉字重码的问题。

二、五笔字型输入法

1983年8月，王永民推出了完全依据笔画和字形特征对汉字进行编码的输入法，即五笔字型输入法，这是一种典型的"形码"。

分解 fēnjiě
　separate into parts
生僻字 shēngpì zì
　rarely-used
　Chinese
　character
部件 bùjiàn part
分类 fēnlèi
　classify

理工中文

我们把汉字拆成一些最常用的基本单位，叫字根。字根可以是汉字或汉字的偏旁部首，也可以是部首的一部分，甚至是笔画。拆成的字根，把它们按一定的规律分类，再把这些字根依据科学原理分配在键盘上，作为输入汉字的基本单位。汉字的字根拆分及键盘布局如表 6.1 和图 6.1 所示。

布局 bùjú layout

表 6.1 汉字的字根拆分表

1 区	11 王旁青头戋（兼）五一	12 土士二干十寸雨
	13 大犬三羊（羊）古石厂	14 木丁西
	15 工戈草头右框七	
2 区	21 目具上止卜虎皮	22 日早两竖与虫依
	23 口与川，字根稀	24 田假方框四车力
	25 山由贝，下框几	
3 区	31 禾竹一撇双人立，反文条头共三一	32 白手看头三二斤
	33 月彡（衫）乃用家衣底	34 人和八，三四里
	35 金勺缺点无尾鱼，犬旁留叉儿一点夕，氏无七（妻）	
4 区	41 言文方广在四一，高头一捺谁人去	42 立辛两点六门疒
	43 水旁兴头小倒立	44 火业头，四点米
	45 之宝盖，摘礻（示）衤（衣）	
5 区	51 已半巳满不出己，左框折尸心和羽	52 子耳了也框向上
	53 女刀九臼山朝西	54 又巴马，丢矢矣
	55 慈母无心弓和匕，幼无力	

图 6.1 五笔字型输入法键盘布局

当要输入汉字时，就按照汉字的书写顺序依次按键盘上与字根对应的键，组成一个代码，系统会根据输入字根组成的代码，在五笔输入法的字库中找出所要的字并显示在屏幕上，也就是说我们输入了这个字。例如"中"的五笔编码是"khk"，"文"的五笔编码是"yygy"。具体规则就不细讲了，感兴趣的读者可以自己搜索相关资料。

搜索 sōusuǒ search

真正熟练使用五笔的人群输入汉字速度是非常快的，但是与传统的拼音输入法相比，五笔字型明显要复杂很多。要记住所有的字根，就要投入很大的精力去学习，在时间日益宝贵的今天，这使得五笔字型输入法逐渐失去了用户的喜爱。

◎ 注释

《说文解字》：由东汉许慎编写的中国第一部系统分析字形、考究字源的字书，也是世界最古的字书之一。

■ 练习

1. 根据文章内容补充汉字的字根拆分表

1区	11 王旁青头戋（兼）五一	12
	13 大犬三羊（羊）古石厂	14 木丁西
	15 工戈草头右框七	
2区	21 目具上止卜虎皮	22 日早两竖与虫依
	23 口与川，字根稀	24 田假方框四车力
	25 山由贝，下框几	
3区	31 禾竹一撇双人立，反文条头共三一	32
	33 月彡（衫）乃用家衣底	34 人和八，三四里
	35 金勺缺点无尾鱼，犬旁留义儿一点夕，氏无七（妻）	
4区	41 言文方广在四一，高头一捺谁人去	42 立辛两点六门疒
	43 水旁兴头小倒立	44 火业头，四点米
	45 之宝盖，摘礻（示）衤（衣）	
5区	51 已半巳满不出己，左框折尸心和羽	52
	53 女刀九臼山朝西	54 又巴马，丢矢矣
	55 慈母无心弓和匕，幼无力	

2. 根据文章内容判断正误

（1）偏旁和部首是一回事，它们表示的含义相同。　　　　　　　　　　（　　）

（2）独体字和合体字都是由偏旁构成的。　　　　　　　　　　　　　　（　　）

（3）"涉"的偏旁是"氵"。　　　　　　　　　　　　　　　　　　　　（　　）

（4）部首都是汉字的部件，部首等同于部件。　　　　　　　　　　　　（　　）

（5）字根可以是笔画。　　　　　　　　　　　　　　　　　　　　　　（　　）

3. 回答问题

（1）请尝试根据文章内容说出偏旁和部首的区别。

（2）请尝试根据文章内容说出五笔字型输入法的原理。

文章三（略读）

汉字字符编码

输入法只是解决了汉字进入计算机的第一步。实际上，由于计算机中的数据都是以二进制的形式存储和处理的，因此，汉字也必须按特定的规则进行二进制编码才能处理。

由于汉字集大，比西文字符编码复杂，要在计算机中处理汉字，需要解决以下问题。

汉字集 Hànzìjí Chinese character set

1. 汉字输入问题。键盘上没有汉字，不能直接使用键盘输入，需要用输入码来对应。不同的汉字输入法采用不同的输入码规则。

2. 汉字处理问题。不同的输入码输入后要按统一的标准来编码。为了与西文字符在计算机内存储时使用的 ASCII 码相区分，汉字在计算机内的存储需要用机内码来表示，以便存储、处理和传输。

区分 qūfēn discriminate, differentiate, distinguish

3. 汉字输出问题。汉字量大，字形变化复杂，需要用对应的字库来存储。汉字输出时，要调用字库里的字形码。

字库 zìkù computer storage disc, character bank

计算机在处理汉字时，汉字的输入、存储、处理和输出过程中所使用的汉字编码不同，分别对应输入码、机内码和字形码。它们之间可以相互转换，过程如图 6.2 所示。

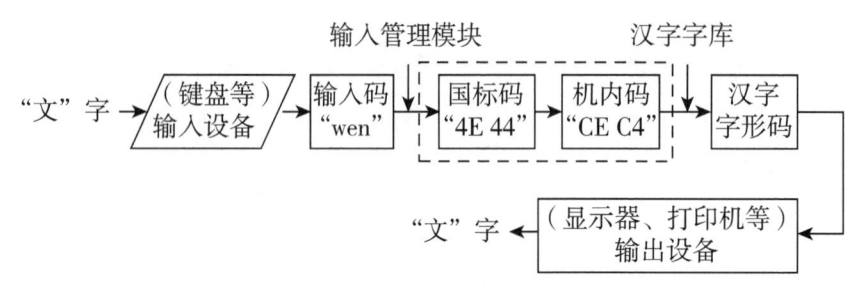

图 6.2 汉字信息处理系统的模型

一、汉字输入码

汉字输入码就是利用键盘输入汉字时对汉字的编码。主要分为以下两类：

1. 音码类。主要是以汉语拼音为基础的编码方案。
2. 形码类。主要是根据汉字的字形进行的编码。

另外，也有根据音形结合的编码，如自然码等。不论哪种输入法，都是用户向计算机输入汉字的手段，而在计算机内部都是以汉字机内

手段 shǒuduàn means, method

码表示的。

二、国标码

国标码是中国1980年发布的《信息交换用汉字编码字符集 基本集》（代号为GB 2312—1980），是中文信息处理的国家标准，也称汉字交换码，简称国标码。考虑到与ASCII编码的关系，国标码使用了每个字节的低7位。这个方案最大可包含128×128=16384个汉字集字符。根据统计，国标中把最常用的6763个汉字和682个非汉字图形符号分成两级：一级汉字有3755个；二级汉字有3008个。

三、汉字机内码

一个国标码占两个字节，每个字节最高位是"0"。西文字符的机内码是7位ASCII码，最高位也是"0"。这样，计算机内部处理时就分不清是汉字编码还是ASCII码了。为此，引入了汉字机内码。机内码是指汉字被计算机系统内部处理和存储而使用的编码，是在国标码的基础上，把每个字节的最高位由"0"变为"1"。

四、汉字字形码

字体编码，一般称为字形码，是用于将机内码所表示的文字以图像的形式在屏幕或打印机上表现出来的编码。汉字字形码通常有两种表示方式：点阵和矢量。

打印机 dǎyìnjī
printer

用点阵表示字形时，汉字字形码指的就是这个汉字字形点阵的代码。根据输出汉字的要求不同，点阵的多少也不同。简易型汉字为16×16点阵，提高型汉字为24×24点阵、32×32点阵、48×48点阵等。图6.3显示了"中"字的16×16字形点阵及代码。

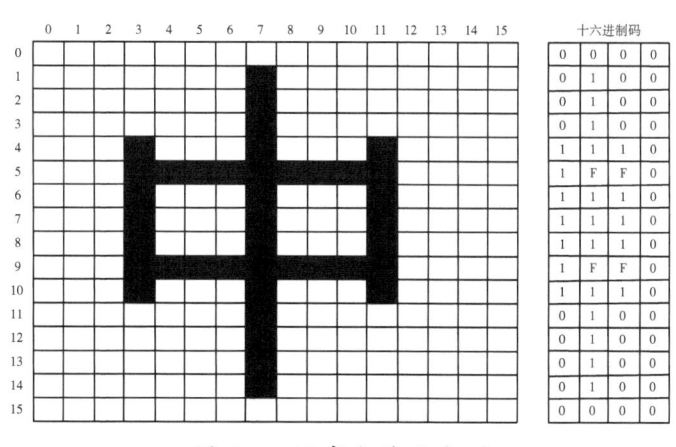

图6.3 汉字点阵及代码

点阵规模越大，字形越清晰好看，所占存储空间也越大。以16×16点阵为例，每个汉字就要占用32个字节，两级汉字大约占用256KB。因此，点阵只能用来构成"字库"，而不能用于机内存储。字库中存储了每个汉字的点阵代码，当显示输出时才检索字库，输出点阵得到字形。每一种点阵字体就是一个字库，例如"宋体"，一般存储在硬盘上的系统文件夹中，有自己的文件名。一旦删除字体文件，该字体就不能正常显示了。

矢量表示方式，存储的是描述汉字字形的轮廓特征，当要输出汉字时，通过计算机的计算，由汉字字形描述生成所需大小和形状的汉字。矢量化字形描述与最终文字显示的大小、分辨率无关，因此可产生高质量的汉字输出。

轮廓 lúnkuò
outline

分辨率 fēnbiànlǜ
resolution

（改编自高等教育出版社2017年5月出版的《大学计算机》，作者龚沛曾等）

注释

1. 二进制（binary system）：计数进位法之一。只有0和1两个记号，每满二则进一位，较多用于电子计算机上。
2. ASCII码（American Standard Code for Information Interchange，美国标准信息交换标准码）：是基于拉丁字母的一套电脑编码系统，主要用于显示现代英语和其他西欧语言。

■ 练习

1. 回答问题

（1）在计算机中处理汉字，需要解决哪些问题？
（2）请你说一说什么是汉字机内码。

2. 小组讨论

（1）请介绍一下汉字信息处理系统模型中涉及的汉字编码。
（2）你是如何认识汉字编码与输入法之间的关系的？

四 听说训练

快速输入汉字是学好计算机并加以利用的基础条件，目前有很多种输入法供大家选择、使用，因此，掌握汉字输入的技术原理，体味汉字输入的速度，对于我们了解与使用计算机是十分重要的。

■ 练习

1. 请听文章第一、二部分，根据听到的内容判断正误 🎧 06-04

（1）输入法输入汉字的速度是由汉字编码的平均长度和选中按键所需时间决定的。
（　）

（2）香农第一定律指出：编码长度＜信息熵／码元的信息量。（　）

（3）现在所有输入法都是基于词输入的根本原因是以词为单位统计信息熵，每个汉字的平均信息熵将会减少。（　）

2. 请听文章第二、三部分，根据听到的内容选词填空 🎧 06-05

利用（1）_____最好的办法是借助语言模型。假定有大小不受限制的语言模型，是可以达到信息论给出的极限（2）_____速度的。

现在，绝大多数（3）_____都选择了拼音输入法。这是因为用户都熟悉汉语拼音，不需要另外学习，找到（4）_____的时间就很快。

（1）A. 上下文　　　B. 传输　　　C. 编码　　　D. 软件
（2）A. 发布　　　　B. 调频　　　C. 输入　　　D. 备份
（3）A. 用户　　　　B. 字库　　　C. 键盘　　　D. 代码
（4）A. 按键　　　　B. 生成　　　C. 标记　　　D. 删除

3. 请听第二遍文章，根据听到的内容排序 🎧 06-06

① 利用上下文，借助语言模型，全拼输入法的平均击键次数能够做到3次以下。
② 词输入时，最短码长小，是因为以词为单位进行统计，汉字的信息熵降到了大约8比特。
③ GB2312简体中文字符集有6700多个常用汉字，如果每个字等概率出现，那么每个汉字的信息熵大约是13比特。
④ 输入汉字到底能有多快？

4. 请听第三遍文章，口头回答问题并在小组内交流 🎧 06-07

怎样设计能够使输入法的效率最高呢？

五 能力拓展

■ 练习

1. 把下面的内容缩写到100字以内

　　计算语言学家冯志伟在汉字字种数为12370的范围内，计算出汉字的熵为9.65比特。假定拼音输入法只采用26个字母输入，那么每个字母（码元）的信息量是$\log_2 26 \approx 4.7$。这时候最小编码长度为9.65/4.7=2.05。也就是说，输入一个汉字最少需要敲2.05次按键。哈尔滨工业大学王晓龙教授等直接用概率论的方法，在180万字的样本数据内，计算了N元字词编码的最短码长。当N等于26时，字输入最短码长为2.08，词输入最短码长为1.73。词输入时，最短码长小，是因为以词为单位进行统计，汉字的信息熵降到了大约8比特。这就是现在所有输入法都是基于词输入的根本原因。

2. 表达

请你说一说你的国家有哪些有关本国语言的输入法，请选择其中一种详细介绍一下。

六 词语进阶

放弃	标记	开创	用户	覆盖	内置	词库
平台	引擎	个性化	配置	主流	分解	生僻字
部件	分类	布局	搜索	汉字集	区分	字库
手段	打印机	轮廓	分辨率	比特	语言模型	

第七章 移动支付

一 话题热身

1. 在生活中，你一般怎样进行支付？
2. 你知道移动支付是什么吗？
3. 请就你了解的支付方式，在你认为是移动支付的方式后面画"√"。

以物换物　　　　　（　　）

支票支付　　　　　（　　）

现金支付　　　　　（　　）

银联扫码　　　　　（　　）

数字钱包　　　　　（　　）

微信、支付宝等 APP 支付　　　（　　）

二 词语储备

1. 科技词语　🎧 07-01

货币（名）	huòbì	currency
消费者（名）	xiāofèizhě	consumer
扫描（动）	sǎomiáo	scan
缴费（动）	jiǎofèi	pay (money)
快捷（形）	kuàijié	(of speed) quick, fast
场景（名）	chǎngjǐng	scene
发行（动）	fāxíng	issue, distribute, publish
绑定（动）	bǎngdìng	bind
转型（动）	zhuǎnxíng	transform
线上（名）	xiànshàng	online
结算（动）	jiésuàn	settle an account
新兴（形）	xīnxīng	new and developing, newly emerging
激活（动）	jīhuó	activate

理工中文

| 普惠（动） | pǔhuì | be inclusive |

2. 专有名词 🎧 07-02

| 中国人民银行 | Zhōngguó Rénmín Yínháng | People's Bank of China |

■ 练习

1. 将词语与其拼音和释义连线

扫描	xīnxīng	钱，充当一切商品的等价物的特殊商品
新兴	sǎomiáo	快速、便捷
货币	kuàijié	刚兴起的
快捷	huòbì	通过无线电波等的左右移动在屏幕上显示出画面或图形
转型	bǎngdìng	把虚拟信息等连接在一起，是公司常采用的一种管理手法
绑定	jiǎofèi	缴纳各种费用
缴费	zhuǎnxíng	事物的结构形态等的转变过程

2. 听录音，选择你听到的科技词语 🎧 07-03

（1）A. 货币　　B. 场景　　C. 快捷　　D. 普惠　　（　）
（2）A. 绑定　　B. 发行　　C. 线上　　D. 结算　　（　）
（3）A. 扫描　　B. 货币　　C. 转型　　D. 激活　　（　）
（4）A. 结算　　B. 新兴　　C. 线上　　D. 消费者　（　）
（5）A. 扫描　　B. 货币　　C. 缴费　　D. 激活　　（　）

三 阅读训练

📖 文章一（精读）

移动支付

公元7世纪，唐代商人开始使用纸质收据，把硬币交给别人保存。到10世纪，宋朝人开始使用纸币，这就是世界上最早的纸币——交子。到21世纪，随着人工智能、大数据、5G等新的数字化信息技术的发展，中国开始了货币革新，带来了支付革命，这次带动演变的是移动支付。

移动支付是指移动客户端利用手机等电子产品进行电子货币支付，

收据 shōujù
receipt
人工智能
réngōng zhìnéng
artificial
intelligence (AI)
革命 gémìng
(make) revolution
演变 yǎnbiàn
develop, evolve

移动支付把互联网、终端设备、金融机构有效地联合起来，形成了一个新型的支付体系。移动支付是对传统金融服务深度的有效扩展，推动了大众消费行业的高速发展，拥有广泛的市场应用空间。

2021年的相关数据显示，在中国的所有支付方式中，移动支付的占比达到50%，是中国消费者选择最多的支付方式，这种"扫描二维码就支付"的移动支付方式成为中国人的生活常态。

移动支付随时、随地的特点给人们的生活带来很多便捷。人们的衣食住行一部智能手机就能实时完成，在家就可以进行水电缴费、购物和打车，实现多方面的互联。在很多领域，移动支付都产生了深刻的影响。最显著的是移动支付促进了居民的消费，使生活更加便利快捷；在促进消费的同时，它还可以提高财产安全性，降低现金丢失的可能性。

移动支付的发展主要有三方面原因：一是包括第三方支付的移动互联网和计算机网络技术的进步，二是年轻消费者的移动支付习惯，三是和中国的城市化进程相关。城市人口多，交易也比较多。在这个过程中，移动支付提供了很大的便利，也能够在一定程度上阻断假钞的大量出现。

"移动支付"被人评价为中国"新四大发明"之一。随着中国和国外的联系不断加强，中国移动支付企业也同步发展到世界各地。中国移动支付不仅改变了中国人的消费方式，在国外也受到了很多人的关注。

移动支付等无现金支付是一个健康的趋势。各种移动支付手段已经覆盖购物、消费、缴费、信用卡服务、餐饮、出行等多个生活场景，能够满足大部分人个性化的需求。

随着中国无线网络和移动网络的升级，中国电信基础设施建设的进步，消费者的消费观念和行为不断改变，未来中国移动支付市场规模还会进一步扩大，会有越来越多的商家使用移动支付，从中国扩展到世界各国，促进中国移动互联技术在全球的发展。

注释

1. 交子（Jiaozi）：世界上最早使用的纸币，是中国北宋时期仁宗天圣元年（公元1023年）发行的货币。
2. 四大发明（Four Great Inventions）：四大发明是中国古代创新的智慧成果和科学技术，包括造纸术、指南针、火药、印刷术。"新四大发明"，2017年诞生的网络流行词，一般指高速铁路、网上购物、共享单车、二维码支付。

■ 练习

1. 选词填空

货币　扫描　覆盖　领域

（1）中国开始了（　　）革新，带来了支付革命，这次带动演变的是移动支付。

（2）"（　　）二维码就支付"的移动支付方式成为中国人的生活常态。

（3）移动支付随时、随地的特点在很多（　　）都得到了体现。

（4）各种移动支付手段已经（　　）购物、消费、缴费、信用卡服务、餐饮、出行等多个生活场景。

2. 词语连线

（1）人工　　　　　　a. 支付

（2）数字化　　　　　b. 智能

（3）无现金　　　　　c. 信息技术

（4）消费　　　　　　d. 观念

3. 根据文章内容，选择正确答案

（1）中国（　　）时期出现了世界上最早的纸币——交子。

A. 商代　　　　B. 唐朝　　　　C. 宋朝　　　　D. 清朝

（2）移动支付是指（　　）。

A. 移动客户端利用手机等电子产品来进行电子货币支付

B. 现金支付

C. 支票支付

D. 银行卡支付

（3）关于移动支付，说法错误的是（　　）。

A. 移动支付使人们的生活更加便捷。

B. 在世界范围内，中国移动支付的发展速度缓慢。

C. 移动支付等无现金支付是一个健康的趋势。

D. 无现金支付已成为中国人的生活常态。

（4）下列哪项不是移动支付等无现金支付方式在中国迅速发展的原因？（　　）

A. 年轻消费群体的移动支付习惯

B. 与中国的城市化进程有关

C. 第三方支付在内的移动互联网技术的进步

D. 银行等相关业务人员的服务差

4. 根据文章内容判断正误

（1）移动支付随时、随地、随身的特点会给人们的生活带来很多便利。（　　）

（2）中国移动支付在国外也具有很高的关注度。（　　）

（3）移动支付是一个不健康的趋势，将影响国内外社会发展的各个方面。（　　）

5. 回答问题

（1）请你说一说移动支付给你现在的生活带来了什么变化。

（2）请你大胆想象一下，未来移动支付市场还有可能发生哪些变革。

文章二（通读）

数字人民币开启支付新时代

数字货币本质上是现金的一种数字形态，它和我们钱包里的现金基本上具有同样的法律地位、同样的价值。数字货币主要包括数字化的货币和电子支付两个层面。

要想理解数字人民币的性质，需要了解这几个词：法定、现金、数字。法定，即中国人民银行发行，和实物人民币一样，是国家承认的货币和支付工具，数字人民币和实物人民币长期共同存在，二者之间并不存在替换关系。现金，也就是人民币，不需要绑定银行账户，但是可以从银行账户里取出现金。数字，不同于纸质币，是把现金支付电子化，它以数字币的形式存在，使用场景以数字化设备为载体，但不同于微信、支付宝等第三方支付渠道，数字人民币可以在无网络状态下使用。没有利息收入，也不用支付费用，这是和传统移动支付相比，数字人民币最大的特点和优势。

数字人民币的出现是一种必然趋势。一方面，现金是中央银行给

| 法定 fǎdìng |
| legal, statutory |

| 载体 zàitǐ |
| carrier |
| 渠道 qúdào |
| channel |

老百姓提供的一个基础的金融服务，中央银行希望在减少使用现金的情况下，通过数字人民币的方式，提供一个安全的、代表中央银行信用、成本低的支付工具；另一方面，在互联网数字转型的背景下，数字经济快速发展，大家对非接触式支付的需求变多，数字人民币给我们提供了一个很大的空间。

信用 xìnyòng trustworthiness, credit

六七年以前，现金支付还是一种常态。之后，包括微信和支付宝的移动支付手段逐渐成为主流，而且加密货币迅速发展，成为具有价值的交易货币。不过，这种全球性的加密货币，给国际货币体系、支付体系、货币政策、跨境资本管理带来了风险和挑战。

跨境 kuàjìng be cross-national

在这样的背景下，随着互联技术和数字经济的发展，不少国家都在发展法定货币的数字化形态，法定数字货币正从理论变成现实。中国人民银行在2014年就推出了中国数字人民币并取得进展。到2021年6月，数字人民币可用性场景已超132万个，覆盖生活缴费、餐饮服务、交通出行、购物消费等领域，数字人民币在便利生活、促进共同富裕、推进跨境线上支付、推动构建人类命运共同体等方面发挥着重要作用。在国家和国家之间的贸易结算领域，数字人民币也为推进人民币的国际化，为未来国际货币支付体系的升级做着准备。

贸易 màoyì trade
升级 shēngjí upgrade, promote

中国发行数字人民币是应对世界货币形势变化而做出的必要选择，既可减少非法定数字货币对本国货币的冲击，也为建立中国数字货币金融体系提供了基础保障。

冲击 chōngjī impact, challenge

注释

中国人民银行（People's Bank of China）：简称"央行"，是中国的中央银行。

■ 练习

1. 根据文章内容判断正误

（1）数字人民币是由中国人民银行发行的。（   ）
（2）数字人民币不能和实物人民币长期共同存在。（   ）
（3）数字人民币不需要绑定银行账户。（   ）
（4）数字人民币不可以在无网络状态下使用。（   ）

2. 选词填空

> 场景　缴费　中国人民银行　线上　人类命运共同体

（　　）在2014年推出了中国数字人民币并取得进展。到2021年6月，数字人民币可用性（　　）已超132万个，覆盖生活（　　）、餐饮服务、交通出行、购物消费等领域，数字人民币在便利生活、促进共同富裕、推进跨境（　　）支付、推动构建（　　）等方面发挥着重要作用。

3. 根据文章内容回答问题

（1）为什么说"数字人民币的出现是一种必然趋势"？
（2）谈一谈你对中国数字人民币发展的认识。

文章三（略读）

移动支付赋能电商直播发展

在互联网信息社会，移动支付成为一个重要的手段，各种线上支付方式带动了传统行业的发展。移动支付正逐渐改变着中国乃至全球各行业的商业形态。随着中国电信移动网络不断升级、中国电信基础设施建设的发展、中国电子商务技术的普及，移动支付逐渐扩展到电子商务领域，成为电子商务的一种主要支付方式。

电商直播作为一种新兴的经营活动，以第三方支付的电商平台为基础，通过主播引导流量，达到销售商品或者营销推广的目的。相比传统的电视购物、电商、线下购物等，电商直播在盈利方式、展示形式、互动形式方面都更加丰富，消费者的购物也更加高效。

2020年以来，电商直播迅速发展，更多人纷纷走进直播间开展带货直播，进一步推动用户的消费模式从线下向线上转变，同时科技的发展使用户直播购物体验不断优化，使电商直播平台的用户越来越多。相关数据显示，电商直播购物正在作为一种新兴的消费方式逐步渗透到用户的生活中，并对用户的消费模式产生影响。

电商直播购物作为一种线上新型消费，折射出现代经济发展的变革，是消费方式的创新。电商直播经济发展已久，已有成熟的商业模式；再加上越来越多的消费者选择足不出户进行购物，进一步推动线

电子商务
diànzǐ shāngwù
electronic commerce

流量　liúliàng
(rate of) flow

营销　yíngxiāo
market

模式　móshì
pattern, mode

折射　zhéshè
refract, reflect

上经济发展，促进商家经营模式转变为电子商务。从直播助农到直播卖楼，从直播卖食物到直播卖飞机，直播销售的边界加倍扩大。而电商直播带货作为互联网新经济形式，已经成长为中国电子商务市场最大的增长点之一，推动线上新型消费发展，实现线上线下相结合，和经济发展共振。

电商直播带货的最大卖点是"便宜有好货＋网红效应"，但是，平台和主播应关注产品质量，带货也要带责任。所以，我们不可忽视直播电商更高的流量吸引力和流量变现能力带来的一些问题，比如虚假宣传、低级传播、假冒伪劣等。因此，直播电商需要规范和引导。培育以"直播带货"为代表的线上新型消费，需要完善直播带货行业的诚信评价机制，建立直播经济良好生态，用"直播带货"带动更多消费，让大众真正感受到互联网带来的福利。

任何一个行业的成熟都会经历不断出现问题、不断解决问题的过程，新兴行业也一样。顺应网络化、数字化、智能化的趋势，不仅能用电商直播带货的方式激活消费，还能带动经济转型升级。

| 边界 biānjiè boundary |
| 共振 gòngzhèn resound |
| 变现能力 biànxiàn nénglì cashability |
| 虚假 xūjiǎ false, sham |
| 宣传 xuānchuán promote, publicize |
| 低级 dījí low |
| 机制 jīzhì mechanism |
| 顺应 shùnyìng comply with, conform to |

■ 练习

1. 根据文章内容回答问题

（1）电商直播是什么？

（2）移动支付带动了电商直播的发展，说一说电商直播发展的优点和缺点。

2. 小组讨论

有人说"互联网的普及加速了电商直播的发展"，你怎么看？

四 听说训练

乡村振兴作为中国的一项国家战略，是多方面的振兴发展，包括产业、人才、文化、生态、组织的全面振兴。随着大数据、5G、互联网等信息技术的普及和推广，移动支付带动电商发展，电商发展与乡村振兴相结合，既能让电商发展壮大，也让乡村振兴充满无限希望，即便是相对偏远的农村，也搭上了移动支付的发展直通车。

移动支付带动的"直播＋电商"这一新兴经济业态方式，能够把当地农副产品的特色、亮点有效推介给消费者，让优质农副产品直接面向全国甚至全球市场，促进农副产品"走出去""走得远"，既可以帮助农民增收致富，又可以推动乡村振兴和共同富裕。

■ 练习

1. 请听文章第一部分，根据听到的内容判断正误　🎧 07-04

（1）移动支付操作系统方便快捷，促进了农村地区的发展。（　　）

（2）移动支付不利于农村经济实现"互联网+"转型。（　　）

（3）移动支付带动电商发展，推动乡村振兴的发展。（　　）

2. 请听文章第二部分，根据听到的内容选词填空　🎧 07-05

便捷　贯穿　普惠　标识

移动支付凭借移动互联网技术的广泛覆盖、操作（　　）、服务高效、价值高等优点，（　　）到农业生产各个环节，推动实现降低成本、增加农民收入等目的，扩大农村产品品牌的影响力，形成品牌（　　）。移动支付是一项（　　）工程。随着人工智能、大数据、5G等信息技术的快速发展，数字化技术和普惠金融服务不断结合，共同推进农村地区移动支付的发展。

3. 请听文章第三部分，根据听到的内容连线　🎧 07-06

从总体设计上　　　加强服务创新

从落实方式上　　　加强鼓励帮助

从实际需求上　　　加强组织管理

从环境建设上　　　加强互相合作

4. 请再听一遍文章，口头回答问题并在小组内交流　🎧 07-07

移动支付助力乡村振兴发展体现在哪些方面？

五　能力拓展

■ 练习

1. 写作

根据本章学习的移动支付的相关内容，写一写你对移动支付的看法。标题自拟，字数在300字左右。

2. 表达

如果让你给你的朋友和家人讲一讲本单元有关移动支付的内容，你会怎么介绍？

六 词语进阶

收据	人工智能	革命	演变	客户端	终端设备	金融
常态	实时	进程	阻断	法定	载体	渠道
信用	跨境	贸易	升级	冲击	电子商务	流量
营销	模式	折射	边界	共振	变现能力	虚假
宣传	低级	机制	顺应	战略	品牌	标识

第八章 机器视觉

一 话题热身

1. 你手机的解锁方式是什么？
   A. 密码解锁　　　B. 图案解锁　　　C. 指纹解锁　　　D. 面部解锁　　　E. 其他
2. 你更喜欢哪种手机解锁方式？为什么？
3. 你知道面部解锁运用了什么技术吗？这种技术还可以运用到什么领域？

二 词语储备

1. 科技词语　🎧 08-01

像素（名）	xiàngsù	pixel
芯片（名）	xīnpiàn	chip
读取（短语）	dúqǔ	read
视角（名）	shìjiǎo	visual angle
成像（动）	chéngxiàng	form an image, image
元件（名）	yuánjiàn	component
参数（名）	cānshù	parameter
远程（形）	yuǎnchéng	remote
传感（动）	chuángǎn	sense (by using equipment)

2. 专有名词　🎧 08-02

鸟巢	Niǎocháo	Bird's Nest
清华大学	Qīnghuá Dàxué	Tsinghua University
华为（公司名）	Huáwéi	Huawei
鸿蒙	Hóngméng	Harmony

■ 练习

1. 将词语与其拼音和释义连线

读取　　　chuángǎn　　　从一段距离外接收到的一种感觉

远程　　　dúqǔ　　　　　距离远的

传感　　　yuǎnchéng　　 将内存中的数据载入到CPU的过程

像素　　　xīnpiàn　　　　微型电子器件或部件

芯片　　　xiàngsù　　　　影像显示的基本单位

2. 听录音，选择你听到的科技词语　🎧 08-03

（1）A. 像素　　B. 视角　　C. 识别　　D. 视力　　（　）
（2）A. 成像　　B. 参数　　C. 远程　　D. 透镜　　（　）
（3）A. 参与　　B. 效应　　C. 效果　　D. 参数　　（　）

三　阅读训练

文章一（精读）

机器视觉

什么是机器视觉？简单来说，机器视觉就是用机器代替人眼来做测量和判断。它是通过机器视觉产品把被拍摄目标转变成图像信号，传输给专门的图像处理系统，得到被拍摄目标的形状信息，再根据像素分布和亮度、颜色等信息把这些形状信息转变成数字化信号。图像系统对这些信号进行各种计算来找到目标的特征，然后根据所得结果来控制现场的设备动作。

拍摄 pāishè
shoot

控制 kòngzhì
control

从这个定义中不难发现，机器视觉系统由三部分组成，一是图像拍摄装置，二是图像处理系统，三是现场执行设备。图8.1是机器视觉系统的工作过程。

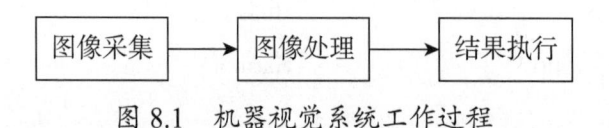

图像采集 → 图像处理 → 结果执行

图 8.1　机器视觉系统工作过程

机器视觉最早主要应用在3C行业。这里的3C就是指电脑（computer）、通讯（communication）和消费性电子（consumer electronics）。3C产品更新速度快，要求高效生产，而且对品质要求也比较严格。这一行业特点促进了机器视觉在3C行业的大规模应用，这些应用包括芯片引脚检测、零件尺寸测量、产品二维码读取等。随着中国自动化水平的不断提高，工业领域对机器视觉的需求越来越强烈。机器视觉在不同领域的应用场景主要包括以下几种：

1. 离线检测：在生产结束之后进行的检测。

2. 在线检测：生产过程中的实时检测。

3. 机器人辅助定位：视觉系统和机器人构成手眼系统，视觉系统就像人眼，机器人实现手的功能部分。

4. 线扫描式检测：线扫描式照相机拍照时每次只扫描一行图像，通过被拍摄物体和相机之间的相对移动，多次扫描后可以获得完整图像。一般来说，需要连续性生产的行业，比如造纸、印刷等，可以通过线扫描的方式进行实时扫描，完成检测。

事实上，机器视觉不仅仅应用在造纸、印刷这些传统行业中，还应用于运动分析、节目制作等领域。2022年北京冬奥会开幕式在中国国家体育场——鸟巢举行。其中一个由近700名孩子举着点亮的和平鸽表演的节目《闪亮的雪花》让许多观众深受感动。雪花随着孩子们的移动而出现，其实这一效果就是通过机器视觉技术来完成的。每一个红点对应到场上的一个孩子，技术人员就根据这些小红点的位置，把雪花显示在对应的位置上，这样就实现了脚下一团雪的效果。这种技术首先要依赖于一套实时信息捕捉的技术，这个捕捉的技术是用一套基于人工智能的运动分析系统改造而成的；其次，这种技术采用了一个实时交互的引擎，按照需求把获取的演员信息生成一个需要的效果，然后实时重现在演员脚下，就出现了类似于雪花绽放的样子，这样就实现了场上的演员走到哪儿，脚下雪花就跟到哪儿的效果。在超过$10000m^2$的场地上，对将近700个演员进行实时位置捕捉和实时效果的观察和呈现，这不仅要求有很强大的计算能力和基于人工智能的识别算法，还需要有一套很强大的交互引擎来支撑实时效果的呈现。

我们相信，在未来，机器视觉技术会应用到更多的领域，给我们的工作、生活带来更多便利和美妙的体验。

（改编自机械工业出版社2021年4月出版的《机器视觉从入门到提高》，杭州指南车机器人科技有限公司编）

注释

1. 机器视觉产品：图像摄取装置，分为 CMOS 和 CCD。CMOS（complementary metal-oxide-semiconductor）是制造大规模集成电路芯片用的一种技术或用这种技术制造出来的芯片。CCD（charge-coupled device）是把光学影像转成数字信号的半导体。
2. 数字化信号：将事物的运动变化转变为一串数字，并用计算的方法从中提取出有用的信息，以满足我们实际应用的需求。
3. 芯片引脚：引脚（lead），芯片内部电路引出与外部电路的接线。所有的引脚就构成了这块芯片的接口。
4. 在线检测：包括静态检测和动态检测两类。简单来说，在线停止的就是静态检测，在线不停止的就是动态检测。

■ 练习

1. 选词填空

图像　扫描　算法　实时　像素

（1）机器视觉是通过机器视觉产品将被拍摄目标转换成_____信号。
（2）机器视觉把拍摄目标的形状信息根据_____分布和亮度、颜色等信息，转变成数字化信号。
（3）线扫描式相机拍照时每次只_____一行图像。
（4）一般来说，连续性生产的产品，可以通过线扫方式进行_____扫描，完成检测。
（5）《闪亮的雪花》呈现的节目效果需要有很强大的计算能力、基于人工智能的识别_____和一套很强大的交互引擎来支撑。

2. 根据文章内容，选择正确答案

（1）3C 行业不包括什么？（　　）
A. 电脑　　　　B. 通讯　　　　C. 消费性电子　　　　D. 机器生产
（2）机器视觉在哪些行业有应用？（　　）
A. 造纸行业　　B. 印刷行业　　C. 运动分析　　　　　D. 以上都对
（3）《闪亮的雪花》这一节目中，雪花跟随孩子的脚步而移动是用基于（　　）的运动分析系统改造而成的。
A. 人工智能　　B. 视觉识别　　C. 实时捕捉　　　　　D. 算法识别
（4）《闪亮的雪花》将哪两种技术结合在了一起？（　　）
① 捕捉技术　② 实时交互技术　③ 大数据技术　④ 远程控制技术
A. ①②　　　　B. ①③　　　　C. ①④　　　　　　　D. ②③

（5）《闪亮的雪花》对将近700个演员进行实时捕捉和实时效果的跟踪和呈现，以下选项中不需要有（　　）。

A. 计算能力　　　　　B. 识别算法　　　C. 交互引擎　　　　D. 数据支持

3. 根据文章内容判断正误

（1）机器视觉系统由三部分组成，一为图像拍摄装置，二为图像处理系统，三为图像反馈设备。（　　）

（2）机器视觉可以用于零件尺寸、产品二维码的识别。（　　）

（3）机器视觉具有间断性特点。（　　）

（4）机器视觉离线检测包括静态检测和动态检测两类，简单来说，在线停止的就是静态检测，在线不停止的就是动态检测。（　　）

（5）线扫描式相机和我们通常所用的手机、单反这种相机拍照原理不同。（　　）

4. 根据文章内容连词成句

（1）根据　现场的设备动作　所得结果　来控制

_____。

（2）这一行业特点　在3C行业的　促进了　机器视觉　大规模应用

_____。

（3）孩子们的移动　雪花　随着　而出现

_____。

（4）技术人员根据　把雪花　小红点的位置　显示在对应的位置上

_____。

（5）基于人工智能的运动分析系统　一套　捕捉的技术　是用　改造而成的

_____。

5. 根据文章内容回答问题

（1）简要陈述机器视觉由哪几部分构成。

（2）为什么机器视觉最早主要应用在3C行业？

（3）简要陈述《闪亮的雪花》这一节目中的"雪花识别追踪技术"是如何实现的。

文章二（通读）

相机镜头光学中的疑难问题

最近一些年，不管我们是出去旅游，还是在外面简单地吃顿饭，似乎都能看见有人拿着照相机或者手机在拍照。用镜头记录生活好像已经成为了大家的习惯，但是你真的了解相机镜头吗？

1. 变焦和对焦有什么区别？

变焦是改变镜头的焦距来改变拍摄的视角，也就是通常所说的把被拍摄物体拉近或推远。焦距越长，视角越窄。

对焦是通过调整镜片组和底片（传感器平面）的间距，使图像清晰。

2. 为什么镜头的最大光圈处通常成像不清晰？

成像清晰应该是所有镜头的追求。对于普通的单反镜头来说，通常成像最清楚的光圈值是F5.6或者F8，为什么呢？这就要提到两个概念，一个是球差，一个是衍射。

球差是实际成像点与理想成像点的位置之差。

衍射是指当波遇到障碍物时偏离原来直线传播的物理现象。在经典物理学中，波在穿过圆盘这类的障碍物后会发生不同程度的弯散传播。

一般来说，理想的透镜成像是平行光通过透镜后都汇聚在焦点上，而实际上并不是这样的。如图8.2所示：

焦距 jiāojù
focal length

底片 dǐpiàn
photographic plate

传感器 chuángǎnqì
sensor

单反 dānfǎn
single-lens reflex

光圈 guāngquān
aperture

衍射 yǎnshè
diffract

焦点 jiāodiǎn
focal point

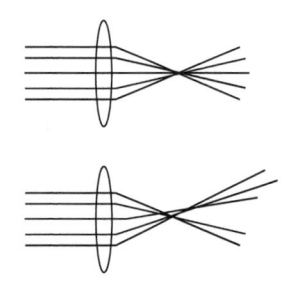

图8.2 理想的透镜成像和实际的透镜成像

光线既然不能完美汇聚，也就不可能产生清楚的成像。当光圈变大（光圈F值小）的时候，透镜接收光的圆面很大，光线的汇聚处就会非常分散，造成成像不清晰的现象。当光圈缩小的时候，透镜接收光的圆面很小，光线经过透镜以后，汇聚处相对来说更集中一些，这样成像也就更加清晰了。但光圈如果太小，接收到的光太少，也会影响成像的清晰度。如图8.3所示：

光线 guāngxiàn
light

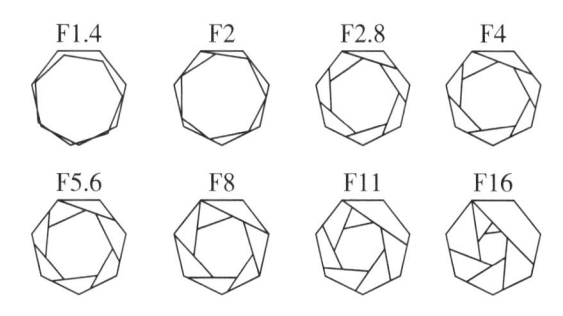

图 8.3　不同大小的光圈

3. 工业中，红光和蓝光在使用上有什么区别？

在解像力方面，红光因为具有更高的波长，所以比蓝光衍射效应更强。相比之下，蓝光的衍射效应弱，因此表现细节的能力更强，更适合拍摄微小的物体。虽然CCD（黑白电荷耦合元件）对红光更敏感，但其实也没有很大的优势。

敏感 mǐngǎn sensitive

在拍摄彩色物体方面，通常来说，很多人都会认为区分彩色物体一定需要彩色相机，其实并不是这样的。对于一幅RGB彩色图，转为有明暗变化的灰度图时，遵循的公式通常是这样的：

结果亮度灰阶值 =30% 红色 +59% 绿色 +11% 蓝色

由此可见，不同颜色的物体转为灰色时，亮度是不一样的。

灰阶 huījiē grayscale

4. 为什么工业领域不提感光度（ISO）这个参数？

相机拍摄时最重要的三个参数是光圈、快门、感光度。ISO在摄影中是非常重要的，它决定了拍摄一张照片所需要的光量以及快门打开的时间。但是做工业机器视觉的工程师却大概率不知道什么是ISO。因为它在工业机器视觉领域换了个名字，叫作gain，这个参数一般没人调它，也不用调。

感光度 gǎnguāngdù (light) sensitivity

快门 kuàimén shutter

通常ISO越高，相机感应光的能力越强，画质也越差。因为在亮度减弱时，ISO太低，只能调大光圈，但是光圈可以调整的范围是有限的，因此只能增加快门时间，但是如果快门时间长，手持相机拍摄不稳定，照片必然会变模糊。

模糊 móhu blurred

但是在工业领域一般不存在这个问题，一是因为工业视觉设备自带光源，几乎不存在暗光环境；二是因为工业相机一般不动，曝光时间很长，拍出的照片也不会模糊。

（改编自微信公众号新机器视觉2022年2月24日文章《大牛分析相机镜头光学中的疑难问题》）

注释

1. 圆盘衍射：其图像特征是中央为含一个亮斑的圆形阴影，外部环绕着宽度越来越小的亮环。
2. 波：某一物理量的扰动或振动在空间逐点传递时形成的运动。如声波、光波、电波、水波。
3. 解像力：分辨被摄原物细节的能力。

■ 练习

1. 选词填空

波　成像　传感器　衍射　参数

（1）对焦是通过调整镜片组和 _____ 平面的间距，使图像清晰。
（2）球差是实际 _____ 点与理想成像点的位置之差。
（3）衍射是指当 _____ 遇到障碍物时偏离原来直线传播的物理现象。
（4）红光因为具有更高的波长，所以比蓝光 _____ 效应强。
（5）相机拍摄时最重要的三个 _____ 是光圈、快门、感光度 ISO。

2. 根据文章内容判断正误

（1）焦距越长，物体越近，所以视角越宽。　　　　　　　　　　　　（　　）
（2）当光圈大的时候，透镜接收光的圆面很大，光线的汇聚处就会非常分散，造成成像不清晰的现象，所以光圈越小越好。　　　　　　　　　　　　　　　　（　　）
（3）红光衍射效应强，所以不适合拍细小物体。　　　　　　　　　　（　　）
（4）只有彩色照片才能体现出不同颜色的区别。　　　　　　　　　　（　　）
（5）通常 gain 越高，相机感应光的能力越强，画质也越差。　　　　（　　）

3. 请写出文章的第几小节解答了下列问题

_____ 工业领域有感光度这一参数吗？
_____ 变焦和对焦是一样的吗？
_____ 在工业中，蓝光比红光更有用吗？
_____ 镜头光圈值和成像清晰度有关吗？

文章三（略读）

十五分钟破解人脸识别，你相信吗？

最近几年，以深度学习为主要内容的人工智能技术发展迅速，其中视觉识别技术最为大众所了解，应用也最为普遍。无论是大型互联网公司还是刚出现的人工智能技术公司都在这一领域投入了很多。

其中，人脸识别技术在智能手机上的应用已经是基本内容了，今天我们刷脸解锁、刷脸付款就像吃饭、喝水一样自然。虽然有的手机制造商会说"破解人脸识别的可能性不到百万分之一"，但双胞胎解锁对方手机的事情仍然会发生。

来自清华大学的 RealAI 团队向我们展示了一项简单的攻击技术。他们共选取了 20 款手机作为测试样本。

1. 测试步骤如下：

第一步，测试人员把样本手机的人脸识别全部设置为"同学 A"；

第二步，让其他人拿着这些手机进行人脸识别，手机当然无法解锁；

第三步，将同学 A 的照片打印出来，把眼睛贴到我们平时戴的眼镜上面，这一次竟然成功解锁了！

2. 新的攻击方式是如何实现的？

据介绍，他们只用到三样东西：一台打印机、一张 A4 纸、一副眼镜。在拿到被攻击者的照片后，通过算法在眼部生成干扰图案，然后打印出来，把眼睛贴到眼镜上，测试人员戴上就可以实现破解，整个过程只花了差不多 15 分钟。但是这个打印出来的"眼睛"其实并没有这么简单，这是结合攻击者的图像与被攻击者的图像通过算法计算生成的图案，被称为"对抗样本"。

人脸识别技术最初用在机场、高铁站以及酒店等地方，对个人身份进行验证。之后商业银行也开始采用人脸识别实现远程开户。再之后，刷脸付款等也接着出现，人脸识别逐渐从少数地方进入人们的日常生活之中。

现在很多场合过分强调这项技术的便利程度，却对人脸数据泄露可能产生的后果考虑不够。睁眼时采集，闭眼前的瞬间也采集。人脸识别技术在某些地方的应用可能危害个人信息安全的情况值得大家注意。比如人脸信息是否会被收集方保留以及会被如何处理？还有数据收集方采取什么技术和管理措施来保障收集的人脸信息安全？

如果有人问你要银行卡密码，你一定特别小心。但如果要人脸信息，好像很多人就觉得没什么，但实际上这两者在很多情况下是一样的。未来，我们希望可以看到有更具体明确的法律法规来保障我们的信息安全。希望官方严格控制人脸识别设备生产、使用条件等。在人脸识别到处可见的社会，我们至少应该有选择的权利，可以遵从个人的想法去选择使用或者不使用，去选择如何使用。人工智能技术的应用有好有坏，如何才能更好地促进行业发展，这取决于我们是否能合理利用它。

法规 fǎguī regulation

（改编自网易号亲影2021年4月14日文章《十五分钟破解人脸识别，你相信吗？》）

■ 练习

1. 选词填空

> 远程　对抗样本　人工智能　可能性　数据

（1）近年来，以深度学习为主要研究方向的＿＿＿＿技术急速发展。其中，最为著名的就是视觉识别技术，其应用也普及得最广。

（2）手机制造商经常会宣传他们的人脸识别系统难以被破解，成功＿＿＿＿不到百万分之一。

（3）将攻击者的图像与被攻击者的图像进行算法计算生成的图案，被称为"＿＿＿＿"。

（4）现在商业银行采用人脸识别技术来实现＿＿＿＿开户。

（5）目前，人脸识别在很多场合已经被广泛使用。然而，人们常常未能充分考虑到人脸识别可能会导致的＿＿＿＿泄露风险。

2. 根据文章内容回答问题

（1）请简要陈述RealAI团队展示的攻击技术的操作步骤。

（2）作者对于人脸识别的态度是怎样的？

3. 小组讨论

小组成员结合自身经历，说一说人脸识别技术都带给过你哪些便利，又带给过你哪些麻烦。你希望人脸识别技术做出哪些改进？

四 听说训练

移动通信延续着每十年一代技术的发展规律，已历经1G、2G、3G、4G的发展。每一次代际跃迁，每一次技术进步，都极大地促进了产业升级和经济社会发展。从1G到2G，实现了模拟通信到数字通信的过渡，移动通信走进了千家万户；从2G到3G、4G，实现了语音业务到数据业务的转变，传输速率成百倍提升，促进了移动互联网应用的普及和繁荣。

5G作为一种新型移动通信网络，不仅要解决人与人通信，为用户提供增强现实、虚拟现实、3D视频等更加身临其境的极致业务体验，更要解决人与物、物与物通信问题，满足移动医疗、车联网、智能家居、工业控制、环境监测等物联网应用需求。最终，5G将渗透到经济社会的各行业、各领域，成为支撑经济社会数字化、网络化、智能化转型的关键新型基础设施。

■ 练习

1. 请听文章第一部分，根据听到的内容判断正误 🎧 08-04

（1）鸿蒙系统是一款面向部分场景的分布式操作系统。（　　）

（2）分布式操作系统就是一组相互连接并能交换信息的计算机形成的一个网络。（　　）

（3）鸿蒙系统实际上体现的就是一种"互联网"的思想。（　　）

（4）物联网指的是将互联网和物理设备连接起来。（　　）

2. 请听文章第二部分，根据听到的内容填空 🎧 08-05

（1）车联网将车、人、路、网、云连接在一起，实现数据连接和_____。

（2）在车联网领域中，汽车是一个非常重要的_____。

（3）车联网的基本模型可以分为四个层级：分别是感知层、连接层、_____、应用层。

3. 请听文章第三部分，根据听到的内容选择正确答案 🎧 08-06

（1）雷达、摄像头等设备搜集到的数据只能_____在车载数据中心。

A. 保存　　　　B. 存储　　　　C. 保护　　　　D. 保留

（2）数据无法实时交互和传输，只能将车载数据中心和云端控制中心连接在一起，对数据进行_____处理。

A. 延时　　　　B. 实时　　　　C. 快速　　　　D. 缓慢

（3）车辆可以将行驶状态反馈给_____平台，根据周围环境做出最好的行驶决策。

A. 云端　　　　B. 网络　　　　C. 线上　　　　D. 云控

（4）智能网联汽车的发展有望让用户享受智能、舒适、安全和_____的乘车服务。

A. 有效　　　　B. 无效　　　　C. 高效　　　　D. 高速

4. 请再听一遍文章，口头回答问题并在小组内交流 🎧 08-07

（1）鸿蒙系统和以往的系统主要有什么不同？

（2）车联网是怎么改善人们乘车体验的？

（3）目前智能网联汽车还有什么不足？

五 能力拓展

■ 练习

1. 把下面两段话分别缩写到 80 字以内

（1）每一个红点对应到场上的一个孩子，技术人员就根据这些小红点的位置，把雪花显示在对应的位置上，这样就达到了脚下一团雪的效果。这种技术首先要依赖于一套实时捕捉的技术，这个捕捉的技术是用一套基于人工智能的运动分析系统改造而成的；其次，这种技术采用了一个实时交互的引擎，按照需求把获取的演员信息生成一个需要的效果，然后实时重现在演员脚下，就出现了类似于雪花绽放的样子，这样就实现了场上的演员走到哪儿，脚下雪花就跟到哪儿的效果。

（2）现在很多场合过分强调人脸识别的便利程度，却对人脸数据泄露可能产生的后果考虑不够。如果有人问你要银行卡密码，你一定特别小心。但如果要人脸信息，好像很多人就觉得没什么，但实际上这两者在很多情况下是一样的。未来，我们希望可以看到有更具体明确的法律法规来保障我们的信息安全。希望官方严格控制人脸识别设备生产、使用条件等。在人脸识别到处可见的社会，我们至少应该有选择的权利，可以遵从个人的想法去选择使用或者不使用，去选择如何使用。

2. 表达

（1）你认为有什么方法可以保障我们的信息安全？
（2）在车联网的基础上，你还希望能有什么样的乘车体验？

六 词语进阶

拍摄	控制	更新	辅助	定位	和平鸽	捕捉	焦距
底片	传感器	单反	光圈	衍射	焦点	光线	敏感
灰阶	感光度	快门	模糊	双胞胎	攻击	干扰	对抗
开户	采集	瞬间	法规	虚拟	终端	物联网	车联网
节点	云端	雷达	延时				

第九章 未来电网

一 话题热身

1. 你知道人类用什么物质来发电吗？
2. 选出你认为可以再生的能源，在其后画"√"。

风能　　　　　　（　　）

石油　　　　　　（　　）

水能　　　　　　（　　）

天然气　　　　　（　　）

氢能　　　　　　（　　）

地热能　　　　　（　　）

煤炭　　　　　　（　　）

3. 什么是新能源？

二 词汇储备

1. 科技词语 🎧 09-01

新能源（名）	xīnnéngyuán	new energy
发电（动）	fādiàn	generate electricity
存储（动）	cúnchǔ	store
电网（名）	diànwǎng	power grid
核能（名）	hénéng	nuclear energy
氢能（名）	qīngnéng	hydrogen energy
功率（名）	gōnglǜ	power
薄膜（名）	bómó	film
电动机（名）	diàndòngjī	motor
电容器（名）	diànróngqì	capacitor
电场（名）	diànchǎng	electric field
绝缘（动）	juéyuán	insulate

分布式（短语）　　　　　　　fēnbùshì　　　　　　　distributed

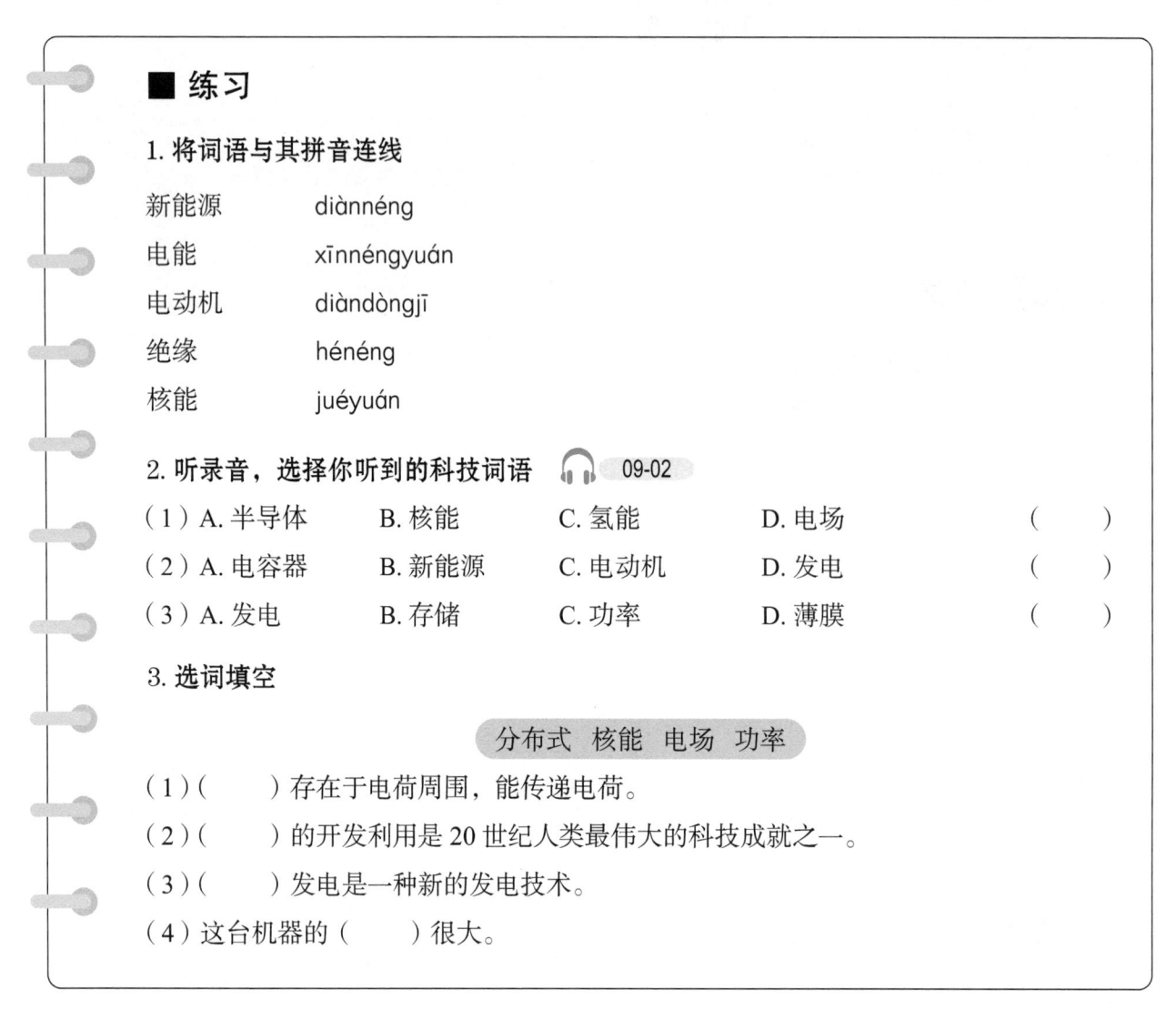

■ 练习

1. 将词语与其拼音连线

新能源　　　　diànnéng

电能　　　　　xīnnéngyuán

电动机　　　　diàndòngjī

绝缘　　　　　hénéng

核能　　　　　juéyuán

2. 听录音，选择你听到的科技词语　🎧 09-02

（1）A. 半导体　　B. 核能　　　C. 氢能　　D. 电场　　　（　）

（2）A. 电容器　　B. 新能源　　C. 电动机　　D. 发电　　（　）

（3）A. 发电　　　B. 存储　　　C. 功率　　　D. 薄膜　　（　）

3. 选词填空

　　　　　　　分布式　核能　电场　功率

（1）（　　）存在于电荷周围，能传递电荷。

（2）（　　）的开发利用是20世纪人类最伟大的科技成就之一。

（3）（　　）发电是一种新的发电技术。

（4）这台机器的（　　）很大。

三　阅读训练

文章一（精读）

新能源发电

随着化石燃料逐渐减少、能源需求增大，新能源发电因为清洁、可再生的特点得到了发展，缓解了能源与环境压力。然而与传统发电技术相比，新能源发电也存在着随机性、能量密度低等缺点，为了克服这些缺点，新能源发电系统中添加了能源存储系统并采用分布式发电技术，这样的优化，不仅增加了新能源发电系统的复杂度，还提高了系统的控制、调动难度。为了完成新能源电网内部的复杂控制，实

化石燃料
huàshí ránliào
fossil fuel

随机性
suíjīxìng
randomness

调动　diàodòng
transfer

现传统电网与新能源电网的协调配合，就有了智能电网。智能电网通过先进的科学技术，实现了电网的可靠、安全、经济、高效、环境友好的目标。

在全球的电源结构中，使用传统化石燃料的发电方式占到全部发电量的60%以上，仍然是目前主要的发电方式。然而，不可再生能源的大量使用导致全球能源资源紧张。这些能源的使用带来了严重的污染问题，成为了影响人类生存和发展的重要难题。在巨大的能源使用压力下，大力发展核能、太阳能、风能、海洋能等新能源很有必要。

新能源采用现代科技使传统的可再生能源得到新的开发和利用，如太阳能、风能、生物质能、潮汐能、地热能、氢能和核能等。与传统化石燃料相比，新能源优势明显：

1. 类型丰富，可再生；
2. 不含碳或含碳量很少，对环境影响小；
3. 分布广，可以分散利用。

新能源发电技术类型多样，主要包括光能发电、风能发电、海洋能发电以及地热能发电等。太阳能是人类可以利用的最丰富的能源。光能发电是利用半导体的光伏特效将光能直接转变为电能的一种技术。这种技术的关键元件是太阳能电池。太阳能电池组合起来以后，配合功率控制器等部件就形成了发电装置。太阳能发电的基本元件是太阳能电池，主要有单晶硅电池和薄膜电池。

风能是自然界洁净无污染的可再生能源。据统计，全球的风能约为2.74×10^9MW，其中可以利用的风能为2×10^7MW，比地球上可开发利用的水能总量还要大10倍。发展风力发电在调整能源结构、减轻环境污染、缓解能源紧张等方面有着非常重要的意义。

海洋能的存在方式有很多，按能量的存储形式可分为机械能、热能和化学能。其中，产生机械能的主要方式是潮汐和海浪，海水温差能即热能，化学能主要来自海水中盐含量的差。研究海洋能源的产生就会发现，潮汐能主要来自太阳和月亮对地球的影响。

地热能是指地球表面10km以内存储的自然热量，主要来自地下化学元素改变过程中产生的热量。要利用地热能，首先需要有能保存地热能的物质。目前能够被利用的地热能物质，主要是地下的天然蒸汽和热水。

协调 xiétiáo coordinate

电源 diànyuán power supply

海洋能 hǎiyángnéng ocean energy
生物质能 shēngwùzhìnéng biomass energy
潮汐能 cháoxīnéng tidal energy
优势 yōushì advantage
碳 tàn carbon
光伏 guāngfú photovoltaics
控制器 kòngzhìqì controller
装置 zhuāngzhì device
单晶硅 dānjīngguī monocrystalline silicon
温差 wēnchā difference in temperature
蒸汽 zhēngqì steam

根据流体类型、温度、压力和其他特性的不同，可把地热能发电的方式划分为地热能蒸汽、地下热水、联合循环和地下岩石四种发电方式。

流体 liútǐ fluid

在全球能源紧张、环境污染严重的情况下，新能源发电技术对人类发展有着重要意义。虽然新能源发电拥有许多优点，但其缺点也是不能忽视的。风、光等资源存在的缺点将导致实时的发电功率和电能需求不一致，影响电网的安全稳定运行并引起大量风能、光能浪费现象的发生。据统计，截至2019年12月底，中国国内风能的平均浪费率为9.6%，光能的平均浪费率为11.8%。虽然目前新能源技术在发展上还存在一些问题，但它的光明前景是值得肯定的，相信新能源发电技术在不远的将来会成为世界各国发电方式的主流。

截至 jiézhì close by (a specified time)

注释

1. 光伏效应：全称光生伏特效应，是指半导体在受到光照射时产生电动势的现象。
2. 单晶硅电池：单晶硅太阳能电池，是以高纯的单晶硅棒为原料的太阳能电池，是当前开发得比较快的一种太阳能电池。
3. 薄膜电池：将一层薄膜制成太阳能电池，其用硅量极少，更容易降低成本，既是一种高效能源产品，又是一种新型建筑材料，更容易与建筑完美结合。
4. 联合循环发电：联合循环发电是一种联合发电，利用内燃机发电产生的余热来产生蒸汽。

练习

1. 连词成句

（1）新能源　环境　对　含碳量低　小　影响
_____。

（2）使用化石燃料　是　发电方式　目前　主要的
_____。

（3）可再生能源　风能　洁净的　是
_____。

2. 根据文章内容选择正确答案

（1）新能源发电技术类型多样，主要包括（　　）。
A. 化石燃料、氢能、水能
B. 光伏发电、风力发电、海洋能发电以及地热发电等
C. 太阳能、风能、生物质能、潮汐能、地热能、氢能和核能等

（2）相较于传统发电技术，新能源发电也存在着（　　）等缺点。

　　A. 随机性、能量密度低

　　B. 可再生、高效

　　C. 安全、清洁、能量密度低

（3）可再生能源是一种（　　）的能源。

　　A. 使用化石燃料

　　B. 传统

　　C. 清洁、安全、高效

（4）与传统化石燃料相比，以下哪项不是新能源的优势？（　　）

　　A. 污染环境

　　B. 类型丰富，可再生

　　C. 分布广，可分散利用

3. 根据文章内容判断正误

（1）新能源没有缺点。　　　　　　　　　　　　　　　　　　　　（　　）

（2）海洋能按存储形式可分为4种。　　　　　　　　　　　　　　（　　）

（3）新能源的浪费率很高。　　　　　　　　　　　　　　　　　　（　　）

（4）要利用地热能，首先需要有能保存地热能的物质。　　　　　（　　）

4. 回答问题

（1）为什么说开发新能源十分有必要？

（2）目前全球的风能有多少？风能有什么特点？

文章二（通读）

储能技术

能源存储技术在生活中有广泛的用途，尤其体现在新能源发电技术中。采用能源存储技术可以帮助实现电能管理，克服新能源发电技术在能源存储上的难题，实现电网平稳运行。存储可再生能源的技术很多，主要有以下六种。

一、抽水储能

此技术在应用时必须要有上、下游两个水库。在负荷低的时间，抽水储能的设备将下游水库的水抽到上游水库保存。在负荷最高时，

水库 shuǐkù
reservoir

负荷 fùhè load

抽水储能的设备利用存储在上游水库中的水发电。

抽水储能是应用最广泛的一种可再生能源存储技术，主要应用在能量管理、效率控制方面。目前，全世界共有超过90GW的抽水储能设备投入运行，约占全球发电设备总量的3%。但这个技术也有缺点，建设时间长，工程投资大，限制了其更广泛的应用。

二、蓄电池储能

蓄电池，是能够存储化学能量，在必要时放出电能的一种设备。随着科学技术的发展，各种新型的蓄电池被成功开发并得到应用。

锂离子电池是蓄电池的一种，与其他蓄电池相比，锂离子电池的主要优点是能量存储密度高、效率高（接近100%）和使用时间长。由于具有这些优点，锂离子电池得到快速发展。但是，生产能够存储较多能量的锂离子电池仍然是有一些挑战的，主要问题在于它的成本很高，这主要是由于它需要特殊的包装和必要的保护设备。

在所有的电池中，metal-air的电池结构最好，并且有希望成为成本最低的电池，这是一种对环境没有不良影响的电池。其主要的缺点是充电非常困难而且效率很低。

三、飞轮储能

飞轮储能是指利用电动机带动飞轮高速旋转，在需要的时候再用飞轮带动发电机发电的能量存储方式。大多数现代飞轮储能系统都是由一个圆柱形状的旋转元件和通过磁悬浮轴承组成的机器构成。采用磁悬浮轴承的目的是消除摩擦，提高系统的使用时间。为了减少空气摩擦，保证足够高的能量存储效率，飞轮系统应该运行于真空环境中。飞轮与电动机或者发电机连接，通过专门的设备，可进行飞轮转动速度的调节，实现储能装置与电网之间的功率交换。

飞轮储能的一个突出优点就是它优秀的循环使用性能，几乎不用运行维护，设备使用时间长并且对环境没有不良的影响。

四、超导磁储能

早在一百年前，科学家就发现了许多金属在非常低的温度下会失去电阻，得到导电性。这一发现被称为"超导"现象。但直到50年前，才有人提出将超导磁储能作为一种储能技术应用于电力系统。

蓄电池 xùdiànchí storage battery

锂离子 lǐlízi lithium ion

飞轮 fēilún fly wheel

圆柱 yuánzhù cylinder

磁悬浮 cíxuánfú magnetic levitation

轴承 zhóuchéng bearing

摩擦 mócā friction

真空 zhēnkōng vacuum

循环使用 xúnhuán shǐyòng recycling

性能 xìngnéng performance

超导 chāodǎo superconducting, superconductive

导电性 dǎodiànxìng electric conductivity

超导磁储能就是利用超导材料制成的线圈，在线圈中产生磁场而存储能量，在需要时可以将能量再次放出变为电能。

和其他储能技术相比，目前超导磁储能成本仍然很高，除了超导体自身的费用外，维持低温需要的费用也相当高。然而，如果将超导磁储能的线圈与现有的电力装置结合，就可以明显降低成本（这部分费用一般在整个超导磁储能技术的成本中最高）。

五、超级电容器储能

电容器是电力系统中广泛应用的一种设备。电容器存储电容的能力称为电容量，也称为电容。

与普通电容器相比，超级电容器具有更高的介电常数〔介质在外加电场时会产生感应电荷使电场变弱，原外加电场（真空中）与最终介质中的电场的比值即为介电常数。相对介电常数×真空中绝对介电常数＝介电常数〕或者更大的面积。例如，陶瓷超级电容器具有相当高的抗压水平和绝缘强度，这使它们可能成为未来储能应用的方案。

目前，超级电容大多用于高功率、低电容量的场合。由于能在充满电的状态下正常工作超过十年，因此超级电容器可以提供高水平的电量。超级电容器安装简单，可在各种环境（热、冷和潮湿）下运行，现在已经可为低功率水平的应用提供商业服务。

六、压缩空气储能

压缩空气储能不是像电池储能那样的简单储能系统，它是一种燃气轮机发电设备（燃气轮机是用连续流动的空气带动飞轮高速旋转，将燃料的能量转变为其他能量的设备），对于同样的电力输出，它使用的燃气要比普通燃气轮机少40%。这是因为，普通燃气轮机在发电时大约需要消耗输入燃料的2/3进行空气压缩，而压缩空气储能技术可以利用电网负荷低时的电能压缩空气，然后根据需要放出存储的能量加上一些燃气进行发电。

（改编自：《电气应用》2005年第4期文章《储能技术及其在现代电力系统中的应用》，作者程时杰、文劲宇、孙海顺；《文存阅刊》2018年第11期文章《储能技术在电气工程领域中的应用与展望》，作者关艳翠；《浙江电力》2014年第5期文章《6种储能技术发展现状》，北极星电力网编。）

■ 练习

1. 选词填空

蓄电池　磁悬浮　电容量　负荷　超导

（1）采用（　　）轴承的目的是消除摩擦，提高系统的使用时间。

（2）（　　）是能够存储化学能量，在必要时放出电能的一种设备。

（3）许多金属在低温下会失去电阻，得到特殊的导电性能，这一发现被称为"（　　）"现象。

（4）在（　　）最高时，抽水储能的设备利用存储在上游水库中的水发电。

2. 根据文章内容选择正确答案

（1）存储可再生能源的技术很多，主要有（　　）种。

A. 3　　　　　　　B. 4　　　　　　　C. 5　　　　　　　D. 6

（2）抽水储能技术的缺点是（　　）。

A. 费用高；建设时间长　　　　　　B. 技术水平低

C. 效率低　　　　　　　　　　　　D. 成本低

（3）锂离子电池与metal-air电池相比，优点是（　　）。

A. 对环境没有伤害　　B. 结构更好　　C. 效率高　　D. 充电困难

（4）飞轮采用磁悬浮轴承的目的是（　　）。

A. 减少摩擦　　　　B. 消除摩擦　　　C. 产生摩擦　　　D. 提高运行时间

3. 根据文章内容回答问题

（1）抽水储能需要哪些设备？

（2）说说飞轮储能发电的优点是什么。

文章三（略读）

分布式发电技术

随着经济的快速发展，电力需求也迅速增长，电网结构更加复杂。集中、远程输送电力的传统电网结构也面临着更多的挑战，例如成本高，运行难度大，难以满足用户对电力更高的要求等。21世纪前十年的多次大范围、大规模停电也让人们认识到需要一些其他的电力系统发展模式来应对问题，从而使电网运行得更安全、更经济高效。于是，有人提出在电力系统中使用分布式发电技术，尤其是新能源发电更需

输送 shūsòng
transport

停电 tíngdiàn
power failure

要分布式电网。

一、概念

分布式发电技术是一种产生电能或存储能量的系统。发电的设备通常建设在用户居住的地点附近。分布式发电技术能够得到快速发展的原因是它有许多独特的优势。与传统的集中发电相比，分布式发电技术具有在传输电能时损失小、投资少、能源利用效率高、对环境的影响小以及安装地点自由等特点。无论是在农村还是在城市，都适合建设和发展分布式发电。总之，就是不进行大规模、远距离传输电力的建设。

分布式发电技术使用的场景非常广泛，"每个家庭都是发电厂"。这其实说的就是一种广泛的分布式概念。随着技术的成熟，小到一个家庭，大到一个工厂都可以使用分布式发电技术来发电。而这样所产生的电力就可以实现用户自主使用的目标。这种情况下，分布式发电技术广泛分布的特点就使它不会浪费能源，能源的利用效率也就得到了提高。研究发现，分布式发电技术使用能源的效率比现在的集中发电技术高出超过20%（分布式发电技术的能源利用效率一般在60%~70%）。分布式发电技术不仅发电功率小，而且在发电设备产生电能的同时，还可以附加输出热和冷两种不同的能量。这样就可以更好地满足用户的需求。

发电厂
fādiànchǎng
power plant

二、类型

分布式发电系统设备的类型有很多，主要可以分为使用化石燃料的内燃机、燃气轮机、太阳能发电、风能发电、生物质能发电等。这些发电设备通常需要输入中等或低等压力的配电系统。随着设备的逐渐增加，分布式发电技术已经开始对传统的电能运输方式产生影响。例如，传统的配电系统只有将电能分配给用户的功能，而未来，分布式发电技术的配电系统有希望发展成一种集中的电力交换系统。它既能够收集分布式电源送来的电力，又能把它们传输到需要购买电力的用户那里。

内燃机 nèiránjī
internal-combustion engine

配电 pèidiàn
power distribution

分布式发电技术可以根据用户不同的需求，分为单独供电方式、热电联产方式（利用各种设备同时产生电力和热能的发电方式）和热电冷联供方式（利用各种设备同时产生电力、热能和冷能的发电方式）

供电 gōngdiàn
power supply

三种。

容量小的分布式发电设备可以就近安装在用户的居住地附近，直接为用户提供电能。设备所产生的热能或冷能可通过建筑内的管道输送至终端用户。大容量分布式装置在发电时，一般是直接将电能输送到电网中。而不同的能量在输送时可以通过由管道组成的网络输送给各类用户，比如热水的输送、冷水的直接供应等。

就近 jiùjìn nearby
管道 guǎndào conduit, pipeline

三、能量来源

分布式发电装置所需要的燃料来源十分广泛。不但有传统的化石燃料，如在热电冷联供电方式下，天然气作为传统化石燃料就可以达到很好的供电效果。新能源也可以作为分布式发电装置的燃料来源，如太阳能发电和燃料电池发电等。地球上的化石燃料不可再生，而且会污染环境。那么，可再生分布式能源就会作为分布式发电技术主要的燃料来源。

总之，分布式发电在发电和配电方面具有很好的独立性，它的建设周期短、能源利用率高且对环境造成的影响也小，再加上其他优势，未来，分布式发电技术会成为电网结构中十分重要的一个环节。

独立性 dúlìxìng independence

■ 练习

1. 根据文章内容回答问题

（1）分布式发电技术有什么优点？

（2）分布式发电技术有几种？

2. 小组讨论

分布式发电的能量来源有哪些？

四 听说训练

随着化石燃料逐渐减少、能源需求增大，新能源发电技术被广泛应用。然而新能源发电技术也存在自身的缺点，为了解决随机性强、能量密度低的缺点，实现传统电网与新能源电网的协调配合，就有了智能电网。智能电网使用先进的控制方法、设备和技术，实现了电网的可靠、安全、经济、高效、环境友好的目标。

■ **练习**

1. 请听文章第一部分，根据听到的内容判断正误 🎧 09-03

（1）中国技术上可开发的风能和太阳能完全可以满足国内实现"碳中和"的需要。（　）

（2）风、光机组在电网中可以单独运行。（　）

（3）智能电网的特点是电力和信息的双向流动性。（　）

2. 请听文章第二部分，把下面的句子按照听到的先后顺序排序 🎧 09-04

智能电网将加强电力交换系统的方方面面，包括发电、输电、配电和用电等，它将：

（　）为电网运行人员提供更好"粒度"的系统可观性，使他们能够优化潮流控制，降低网损，提高电能质量，并使电网具有自愈和事故后快速恢复的能力。

（　）提供大范围的态势感知，可以减轻电网的阻塞和瓶颈，缩小乃至防止大停电。

（　）使电力公司可通过双向的可见性，倡导、鼓励和支持消费者参与电力市场和提供需求响应。

（　）为消费者提供机会，使他们能以前所未有的程度积极参与能源选择。

（　）大量集成和使用分布式发电特别是可再生清洁能源发电。

3. 请听文章第三部分，下列说法错误的是（　） 🎧 09-05

A. 设想中的智能电网将改变人们的生活和工作方式。

B. 设想中的智能电网的关键目标是像互联网一样催生新技术和商业模式，实现产业革命。

C. 智能电网将把工业界最好的技术和理念应用于电网，以加速智能电网的实现。

D. 智能电网面临的挑战是比较少的。

五 能力拓展

■ 练习

1. 将下文分布式发电技术的概念缩写到80字以内

　　分布式发电技术是一种产生电能或存储能量的系统。发电的设备通常建设在用户居住的地点附近。分布式发电技术能够得到快速发展的原因是它有许多独特的优势。与传统的集中发电相比，分布式发电技术具有在传输电能时损失小、投资少、能源利用效率高、对环境的影响小以及安装地点自由等特点。无论是在农村还是在城市，都适合建设和发展分布式发电。总之，就是不进行大规模、远距离传输电力的建设。

2. 说说你知道的储能技术

六 词语进阶

化石燃料	随机性	调动	协调	电源	海洋能	生物质能源
潮汐能	优势	碳	光伏	控制器	装置	单晶硅
温差	蒸汽	流体	截至	水库	负荷	蓄电池
锂离子	飞轮	圆柱	磁悬浮	轴承	摩擦	真空
循环使用	性能	超导	导电性	线圈	磁场	介电常数
抗压	压缩空气	燃气轮机	输送	停电	发电厂	内燃机
配电	供电	就近	管道	独立性	数字通信	特高压

第十章 知量子 探世界

一 话题热身

1. 在开始学习之前，我们先了解一下大家是怎么用诙谐幽默的方式解释"不自量力"这个成语的。

> 不自量力
> búzìliànglì
> 释义："不要自学量子力学。"

从这个解释不难看出，量子力学不容易理解，量子科技也引发了广泛的关注，同学们有没有了解过关于量子的知识或者与量子有关的科技产品呢？

2. 在网络如此发达的今天，你是否遭遇过信息被窃取的情况？你了解如何对网络信息进行加密吗？

二 词语储备

1. 科技词语 🎧 10-01

量子（名）	liàngzǐ	quantum
微观（形）	wēiguān	microcosmic
微米（名）	wēimǐ	micron
波长（名）	bōcháng	wavelength
光速（名）	guāngsù	velocity of light
主机（名）	zhǔjī	host computer
纳米（量）	nàmǐ	nanometer

2. 专有名词 🎧 10-02

| 普朗克（人名） | Pǔlǎngkè | Planck |
| 《九章算数》（书名） | Jiǔ Zhāng Suànshù | *The Nine Chapters on the Mathematical Art* |

墨子（人名）　　　　　　　Mòzǐ　　　　　　　　　Mozi

■ 练习

1. 将词语与其拼音连线

量子　　　　liàngzǐ

主机　　　　nàmǐ

波长　　　　zhǔjī

纳米　　　　bōcháng

2. 听录音，选择你听到的科技词语　🎧 10-03

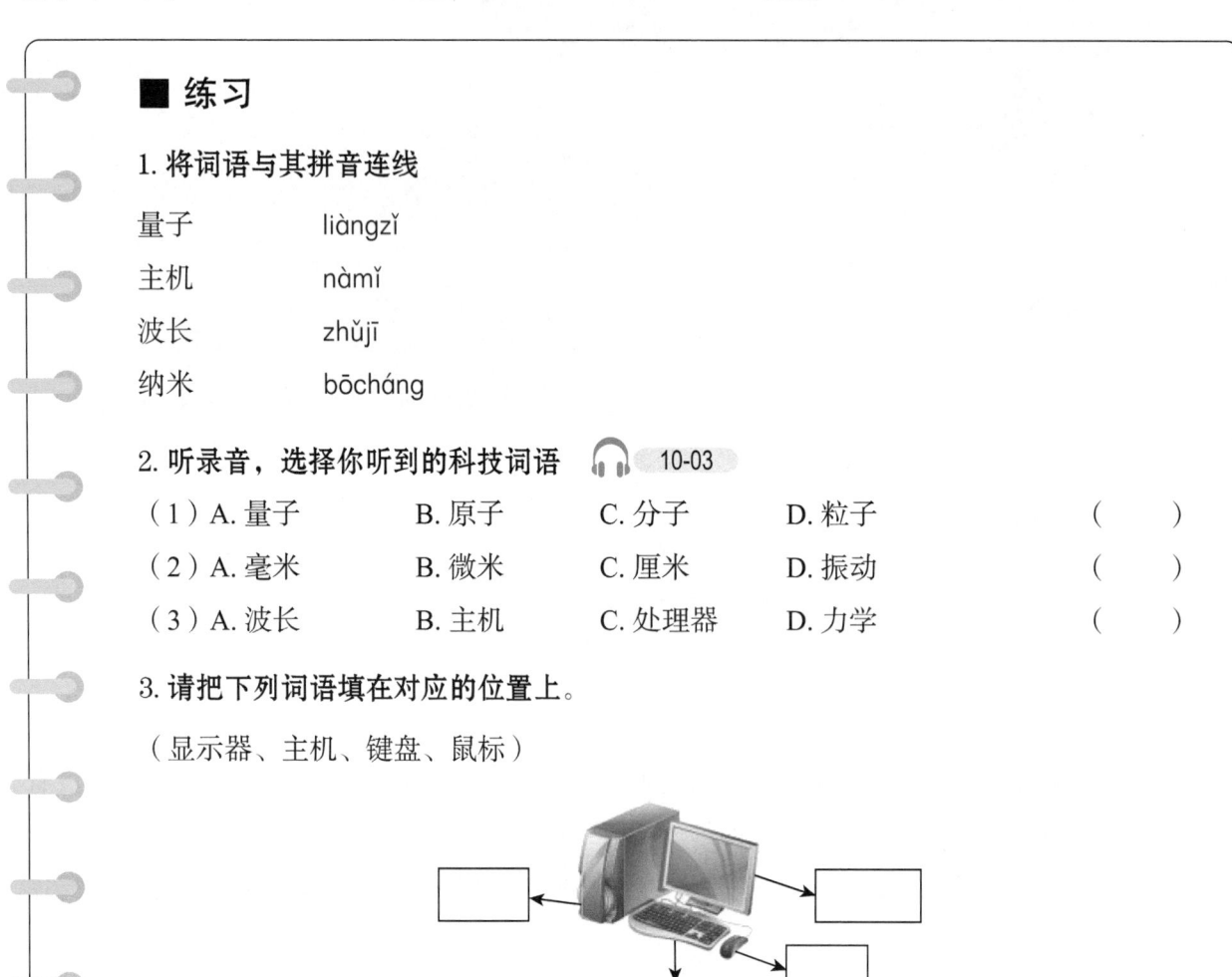

（1）A. 量子　　　B. 原子　　　C. 分子　　　D. 粒子　　　（　）

（2）A. 毫米　　　B. 微米　　　C. 厘米　　　D. 振动　　　（　）

（3）A. 波长　　　B. 主机　　　C. 处理器　　D. 力学　　　（　）

3. 请把下列词语填在对应的位置上。

（显示器、主机、键盘、鼠标）

图 10.1　电脑的硬件设备

三　阅读训练

文章一（精读）

量子是什么

随着时代的发展，量子逐渐进入人们的视野，很多人心中可能会有这样的疑问：量子到底是什么东西？比较好理解的解释是，"量子"是微观世界中物质的运动形式。

这个定义中有两个关键概念。首先是"微观世界"。所谓"微观世界"，一定是非常小的世界，那么，多小的世界才是微观世界呢？比如大肠杆菌大概只有1微米，也就是千分之一毫米，这已经很小了，但还不是量子意义上的"小"。量子力学意义下的微观世界是指"相当于原子直径的大小"，也就是千万分之一毫米的尺度。只有在这种微观尺度下的世界，量子力学才可以发挥作用。

第二个关键概念叫作"运动形式"。举个例子，地球是绕着太阳转的，那么地球的这个圆周运动就是地球的一种运动形式。再比如说拨动琴弦时，琴弦会往复地振动，这个振动就是琴弦的运动形式。所谓"量子的运动形式"，其实也是这种方式，只是它要更加复杂，更加反常识一些。

"量子"这个概念是从一个发光问题来的。我们知道，打铁时，各部分温度从低到高的颜色依次是红色、黄色、白色。这是因为温度越高，发光波长越短，这个现象被称为"黑体辐射"。

然而到19世纪末，人们发现一个很奇怪的现象：如果按照经典物理的"黑体辐射"推论，随着发光波长越来越短，发光的强度是无限上升的，那么当波长无限小的时候，发光强度就会无限大。按照这个说法，任何有限温度的物体都可以辐射出无穷大的能量。然而这并不符合现实情况，一定是经典物理出了问题，但是问题出在哪儿却没人知道。所以大家只能把这个问题称作"紫外灾难"。

到了1900年，普朗克提出一个假设：电磁波必须以"整份"能量发射，不能发射"二分之一份"，"一份能量"就被叫作一个"量子"。这就是"量子的基本假设"，即能量的取值要分离，变成一系列不连续的值。

如果形象地描述普朗克假设，就可以这么理解：

世界上，有些东西是连续的，如打开水龙头，有水流出，根据水龙头打开的大小，水流可以不停地发生变化。但有些东西却不能，例如机枪，射出的子弹就不能连续变化，要么一个，要么两个，只能是整数，用机枪发射1/2个子弹是无法完成的任务。

用这个假设就可以解释"紫外灾难"。普朗克提出一个常数叫"普朗克常数"，得出：一个"量子"的能量＝普朗克常数×频率＝普朗克常数×光速/波长，这样一来，波长太短的电磁波发射"一份"所

圆周运动 yuánzhōu yùndòng circular motion
琴弦 qínxián string (of a musical instrument)
打铁 dǎtiě forge iron

整份 zhěngfèn whole unit
发射 fāshè transmit, emit

水龙头 shuǐlóngtóu tap, faucet
机枪 jīqiāng machine-gun
电磁波 diàncíbō electromagnetic wave

需的能量太多，所以实际上无法被发射出来，这就解释了之前无法解决的"紫外灾难"，同时也引出了量子的概念。

注释

大肠杆菌（Escherichia coli）：又叫大肠埃希菌，是 Escherich 在 1885 年发现的。大肠杆菌是机会致病菌，在一定条件下会导致人和多种动物发生胃肠道感染或尿道等多种局部组织器官感染。

■ 练习

1. 选词填空

原子　量子　毫米　微米　电磁波

（1）（　　）是微观世界中物质的运动形式。

（2）量子力学意义下的微观世界是指"相当于（　　）直径的大小"。

（3）大肠杆菌大概只有 1（　　），也就是千分之一（　　）。

（4）普朗克提出一个假设：（　　）必须以"整份"能量发射，不能发射"二分之一份"。

2. 根据文章内容判断正误

（1）"量子"是微观世界中物质的运动形式。　　　　　　　　　　　（　　）

（2）一个"量子"的能量 = 普朗克常数 × 光速 / 路程　　　　　　（　　）

（3）按照经典物理的"黑体辐射"推论，随着发光波长越来越短，发光的强度是无限上升的。　　　　　　　　　　　　　　　　　　　　　　　　　（　　）

（4）量子的运动形式和琴弦的往复运动没有区别。　　　　　　　　（　　）

（5）量子的基本假设认为，能量的取值要分离，变成一系列不连续的值。（　　）

3. 选择正确答案

（1）按照经典物理的"黑体辐射"推论，发光波长和发光强度之间的关系是（　　）。

A. 发光波长与发光强度成正比

B. 发光波长与发光强度成反比

C. 发光波长与发光强度无关

D. 在时间一定时，发光波长与发光速度成正比

（2）下列哪一项是对普朗克假设的正确解释？（　　）

A. 电磁波的能量发射必须以"整份"能量发射，不能发射"二分之一份"，"一份能量"就被叫作一个"量子"。

B. 光波的能量发射必须以"整份"能量发射，不能发射"二分之一份"，"一份能量"就被叫作一个"量子"。

C. 电磁波的能量发射必须以"半份"能量发射，不能发射"整份"，"一份能量"就被叫作一个"量子"。

D. 光波的能量发射必须以"半份"能量发射，不能发射"整份"，"一份能量"就被叫作一个"量子"。

（3）铁加热后，各部分温度从低到高的颜色依次是（　　）

A. 红色、黄色、白色　　　　B. 黄色、白色、红色

C. 白色、黄色、红色　　　　D. 白色、红色、黄色

4. 下列哪张图可以表示普朗克假设？

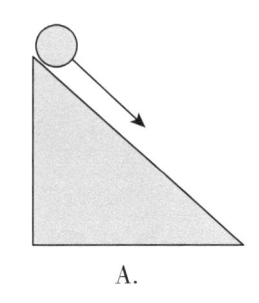

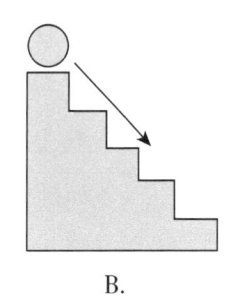

A.　　　　　　B.

5. 回答问题

根据量子的定义，请同学们思考：量子属于微观粒子的范畴吗？

文章二（通读）

量子计算机会完全取代传统计算机吗？

2020年12月4日，中国科学技术大学宣布成功构建76个光子的量子计算原型机"九章"。这一突破也使得中国成为全球第二个实现"量子优越性"的国家。同日，国际学术期刊《科学》发表了该成果，其撰稿人评价说，这是"一个最先进的实验""一个重大成就"。之所以被命名为"九章"，是为了纪念中国最早的数学专著《九章算术》。《九章算术》的出现标志着中国古代数学形成了完整的理论体系，是一

光子 guāngzǐ
photon

撰稿人
zhuàngǎorén
writer

部具有里程碑意义的著作。而这台成功研制的量子计算原型机也同样具有里程碑意义，命名为"九章"既是为了纪念先贤的学术成果，同时也体现出了"九章"量子计算原型机的重要地位。

那么量子计算机与我们现在正在使用的经典计算机究竟有哪些不同呢？

量子计算机是使用量子力学原理制造的计算机，与经典计算机主要有计算形式、计算速度、结构、程序语言方面的差别。

在计算形式方面，我们日常使用的电脑，不管是屏幕上的图像还是输入的汉字，这些信息在硬件电路里会转换成1和0，每个比特要么代表0，要么代表1，这些比特就是信息，然后再进行传输、运算与存储。正是因为这种0和1的"计算"过程，电脑才被称为"计算机"。

而量子计算，则是利用量子天然具备的叠加性，拥有并行计算的能力。"量子力学允许一个物体同时处于多种状态，0和1同时存在，就表示多个任务可以同时完成，因此具有超越计算机的运算能力。"每个量子比特，不仅可以表示0或1，还可以表示成1和0，分别乘以一个系数再叠加，系数不同，叠加的形式也会非常多。

在计算速度方面，量子计算机的运算速度是传统计算机的几十倍甚至上百倍。

在结构方面，量子计算机与传统计算机的组成结构相似，有芯片、控制系统、显示器、软件系统与程序这几个部分，具体来说传统计算机主要有主机、显示器、键盘。量子计算机有量子测控系统、量子低温系统、量子芯片。

在语言方面，传统计算机使用Java、C语言、Python等。量子计算机使用的程序语言有QRunes、SILQ等。

量子计算被认为将改变未来社会，量子计算机将有机会成为科技和社会发展的引擎。那么未来量子计算可能会在哪些领域有所应用呢？

一、生物医药

量子计算技术可以对基因进行排序和分析。通过分析，它们可以帮助人们了解基因的表达，以及具体的基因突变是如何产生的。

里程碑 lǐchéngbēi milestone

硬件 yìngjiàn hardware

比特 bǐtè bit

叠加性 diéjiāxìng superposition property

并行计算 bìngxíng jìsuàn parallel computing

二、人工智能

量子计算有"叠加"的特性，天然具备并行计算能力，能够对一些经典算法进行加速，能够在大数据处理方面发挥巨大作用。

三、航空航天

量子计算机可用于解决航空航天工业中的具体问题，也就是那些需要处理和存储大量数据的问题，包括分析卫星传输的图像，为飞机制造新颖、超耐用的材料等。

航空航天
hángkōng
hángtiān
aerospace
卫星 wèixīng
satellite

（改编自微信公众号本源量子2020年10月8日文章《量子计算机与经典计算机的区别你知道多少？》，作者OriginQ）

注释

量子优越性（quantum supremacy）：即对于特定任务，量子计算机可以解决，而现存的任何经典计算机运用任何已知算法，都不能在一个可接受的范围内完成。

■ 练习

1. 选词填空

> 量子力学　引擎　叠加　排序

（1）量子计算有（　　）的特性，天然具备并行计算能力，能够对某些经典算法进行加速。

（2）量子计算机是使用（　　）原理制造的计算机。

（3）量子计算技术可以对基因进行（　　）和分析。

（4）量子计算被认为将改变未来社会，量子计算机将有机会成为科技和社会发展的（　　）。

2. 根据文章内容填写下列表格

	量子计算机	经典计算机
计算形式	0或1，1和0	1和0
计算速度		
结构		
程序语言		

理工中文

3. 根据文章内容连线

量子计算技术可以对基因进行排序和分析　　　　航空航天

量子计算有"叠加"的特性，具备并行计算能力　　人工智能

量子计算机可以处理和存储大量数据　　　　　　生物医药

文章三（略读）

量子通信：架起天地一体的通信网

2016年8月16日1时40分"墨子号"量子科学实验卫星在酒泉卫星发射中心发射升空，"墨子号"是由中国自主研制的世界上首颗空间量子科学实验卫星。"墨子号"的成功发射，使得中国成为世界上首次实现卫星和地面之间的量子通信，构建天地一体化的量子保密通信与科学实验体系的国家。

看到这里大家可能会疑惑量子卫星为什么不叫"量子"号，却被命名为"墨子"号，难道除了原子、分子、量子，又发现了"墨子"吗？答案当然是否定的。"墨子"是中国古代伟大的思想家、科学家、教育家、军事家和社会活动家，他在光学、力学、代数、几何、工程技术等众多领域都有深入的研究，墨子最早的小孔成像实验，第一次对光沿直线传播进行了科学的解释，为量子通信的发展奠定了基础，墨子的成就如此之大，这就不难理解为什么中国的科学家要用他的名字命名中国自主研制的世界上首颗空间量子科学实验卫星了。

那么，什么是"量子通信"呢？

量子通信可以被理解为在物理极限下，利用量子效应实现的高性能通信。它是继电话和光通信之后通信历史上的又一次革命。

量子通信是量子信息学的一个重要部分，量子通信具有绝对保密、通信容量大、传输速度快等优点，可以完成经典通信不能完成的特殊任务。量子通信可以用来构建无法破译的密钥系统，网络信息安全形势越来越复杂的今天，量子通信对于保障网络和信息安全具有重要意义。

量子通信的基本思想主要包括两部分：一为量子态隐形传输，二为量子密钥分配。

一体化 yìtǐhuà integration

研制 yánzhì develop

光通信 guāngtōngxìn optical communication

密钥 mìyào secret key

量子态隐形传输 liàngzǐtài yǐnxíng chuánshū quantum teleportation

一、量子态隐形传输

量子态隐形传输一直是科学家和大众的关注焦点。它的基本思想是：把原物质的信息分为经典信息和量子信息两部分，它们分别由经典通道和量子通道传送给接收者。经典信息是发送者对原物质进行测量而获得的，量子信息是发送者在测量中未提取的其余信息；而量子通道是指可以保持量子态的量子特性的传输通道。接收者在获得这两种信息后，就可以制备出原物质量子态的完全复制品。该过程中传送的仅仅是原物质的量子态，而不是原物质本身。

当隐形传输的量子态是一个纠缠态的一部分时，隐形传输就变成了量子纠缠交换。利用纠缠交换，可以将两个没有任何联系的粒子纠缠起来，在它们之间建立量子关联。利用它们可以实现超远距离的量子密钥分配，为全球范围的通信加一把安全的纠缠态"量子锁"。

纠缠态 jiūchántài
entangled state

二、量子密钥分配

量子密钥分配不是用于传送保密内容，而是在于建立和传输密码本，就是向保密的通信双方分配密钥，俗称"量子密码通信"。

通过量子密钥分配可以建立安全的通信密码，在一次次的加密中，点对点方式的安全经典通信就得以实现。量子通信的安全性保障了密钥的安全性，从而保证加密后的信息是安全的。量子密钥分配突破了传统加密方法的束缚，以不可复制的量子状态作为密钥，具有理论上的"无条件安全性"。任何截获或测试量子密钥的操作，都会改变量子状态。这样，截获者得到的只是无意义的信息，而信息的合法接收者也可以从量子态的改变，知道密钥曾被截取过。这是目前人类已知唯一一种的不可窃听、不可破译的无条件安全的通信方式。

截取 jiéqǔ
intercept

（改编自中国科普博览网站 2023 年 4 月 3 日文章《量子通信是什么？》，作者郑双美）

注释

1. 小孔成像（pinhole imaging）：用一个带有小孔的板遮挡在墙体与物之间，墙体上就会形成物的倒立的实像，这种现象叫"小孔成像"。前后移动中间的板，墙体上像的大小也会随之发生变化，这种现象说明了光沿直线传播的性质。
2. 量子纠缠（quantum entanglement）：在量子力学里，当几个粒子在彼此相互作用后，由于各个粒子所拥有的特性已综合成为整体性质，无法单独描述各个粒子的性质，只能描述整体系统的性质，则称这现象为量子缠结或量子纠缠。

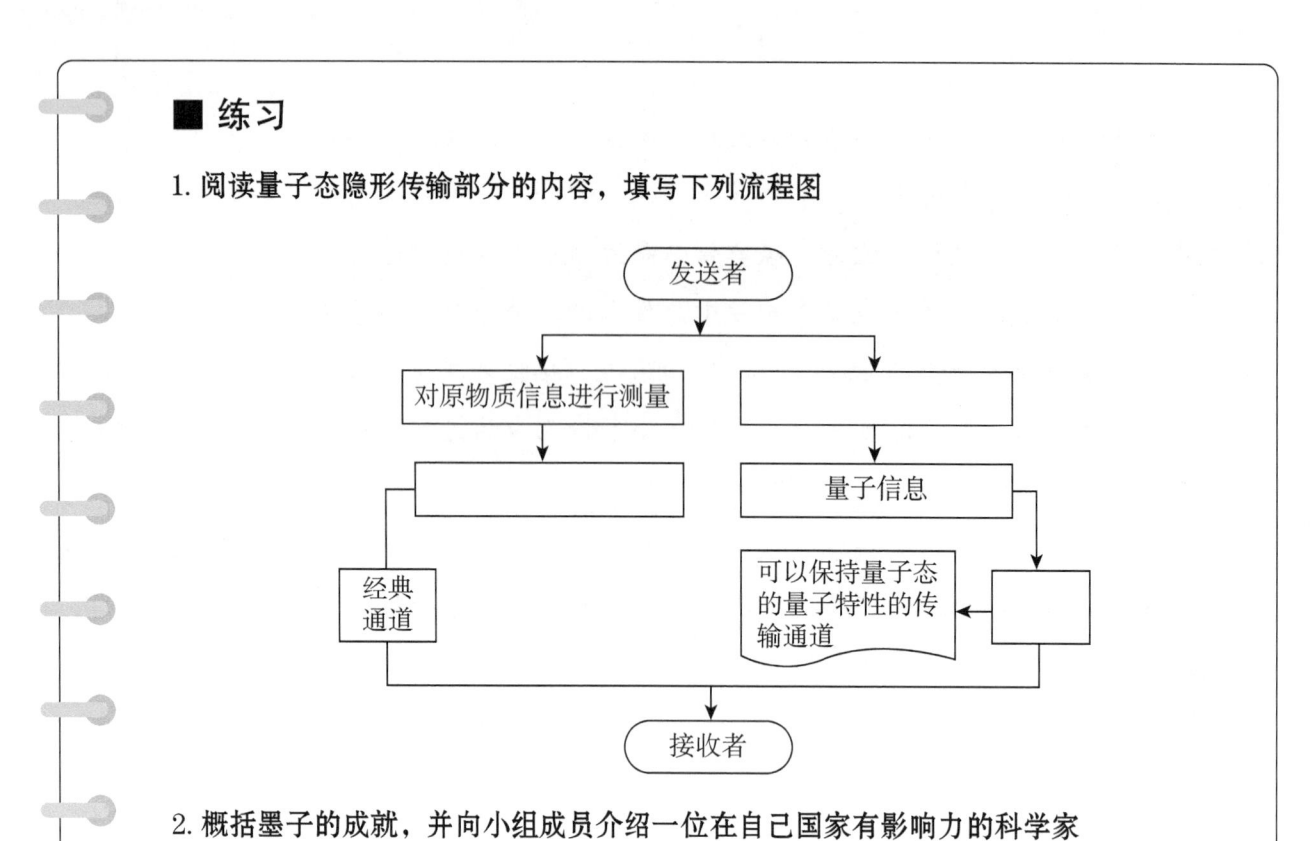

■ 练习

1. 阅读量子态隐形传输部分的内容，填写下列流程图

```
                    发送者
                   ↙      ↘
   对原物质信息进行测量      [        ]
         ↓                    ↓
      [        ]           量子信息
         ↓                    ↓
       经典              可以保持量子态
       通道              的量子特性的传    →  [        ]
                        输通道
                              ↓
                           接收者
```

2. 概括墨子的成就，并向小组成员介绍一位在自己国家有影响力的科学家

四 听说训练

随着科学的不断进步，物理学家们发现现有经典理论很难解释微观系统，科技发展一度停滞不前，在物理学家的努力探索下，量子力学诞生，解释了这些现象。量子力学从根本上改变了人类对物质结构的理解，那么经典力学与量子力学究竟有什么不同，让我们通过下面的课文一探究竟吧。

■ 练习

1. 请听文章第一部分，根据听到的内容选词填空 🎧 10-04

微观粒子　牛顿定律　准确

（1）经典力学的基本定律是牛顿运动定律或与（　　）有关且等价的其他力学原理。

（2）经典力学的第二个基本假定是一切可观测的物理量都可以用科学方法（　　）地测量该物理量的大小。

（3）量子力学是物理学的一个理论，研究物质世界（　　）的运动规律。

2. 请听文章第二部分，根据量子力学和经典力学的区别，完成以下连线题 🎧 10-05

（1）在如何处理粒子和波动方面

量子力学　　　　　　　　独立处理粒子和波动

经典力学　　　　　　　　统一处理粒子和波动

（2）在对于粒子和波动关系的认识方面

量子力学　　　　　　　　粒子与波动是一个整体

经典力学　　　　　　　　粒子与波动是两个层次

（3）在研究方向方面

量子力学　　　　　　　　对宏观物体和低速物体进行的力学研究

经典力学　　　　　　　　对微观物体和高速物体进行的力学研究

（4）在性质方面

经典力学　　　　　　　　连续性、确定性、因果性

量子力学　　　　　　　　不连续性、不确定性、非因果性

3. 经典物理认为这个世界是"和谐"的，量子物理认为这个世界是"自由"的。请听最后一部分内容，然后分组讨论对这句话的理解

五 能力拓展

■ 练习

1. 把下面的内容缩写到 100 字以内

　　量子密钥分配不是用于传送保密内容，而是在于建立和传输密码本，就是向保密的通信双方分配密钥，俗称量子密码通信。

　　通过量子密钥分配可以建立安全的通信密码，在一次次的加密中，点对点方式的安全经典通信就得以实现。量子通信的安全性保障了密钥的安全性，从而保证加密后的信息是安全的。量子密钥分配突破了传统加密方法的束缚，以不可复制的量子状态作为密钥，具有理论上的"无条件安全性"。任何截获或测试量子密钥的操作，都会改变量子状态。这样，截获者得到的只是无意义的信息，而信息的合法接收者也可以从量子态的改变，知道密钥曾被截取过。这是目前人类已知的唯一一种不可窃听、不可破译的无条件安全的通信方式。

2. 表达

（1）根据所学内容，说说你对量子的理解以及量子力学与经典力学都有哪些区别。

（2）查阅资料并和大家分享除了文章中提到的内容，量子计算机还可以应用到哪些领域。

六 词语进阶

圆周运动	琴弦	打铁	整份	发射	水龙头	机枪
电磁波	光子	撰稿人	里程碑	硬件	比特	叠加性
并行计算	航空航天	卫星	一体化	研制	光通信	密钥
量子态隐形传输	纠缠态	截取				

第十一章 星载原子钟

一 话题热身

1. 如果去一个陌生的城市旅行，不小心迷路了，你会选择问路，还是打开手机导航软件，自己找路呢？

2. 你知道哪些比较好用的导航软件？

二 词语储备

1. 科技词语 11-01

原子钟（名）	yuánzǐzhōng	atomic clock
导航（动）	dǎoháng	navigate
方位（名）	fāngwèi	direction and position
无线电（名）	wúxiàndiàn	radio
计时（动）	jìshí	reckon by time, time
振荡（动）	zhèndàng	oscillate
精度（名）	jīngdù	precision, accuracy
跃迁（动）	yuèqiān	transit
微波（名）	wēibō	microwave
修正（动）	xiūzhèng	revise
激光（名）	jīguāng	laser
石英（名）	shíyīng	quartz
坐标（名）	zuòbiāo	coordinate

2. 专有名词 11-02

GPS		Global Positioning System
天宫二号	Tiāngōng Èr Hào	Tiangong-2
拉格朗日点	Lāgélǎngrìdiǎn	Lagrangian point
广义相对论	Guǎngyì Xiāngduìlùn	general relativity
Galileo 系统	Galieo xìtǒng	Galileo satellite navigation system

理工中文

GLONASS　　　　　　　　　　　　　　　　　　Global Navigation Satellite System
北斗卫星导航系统　　Běidǒu Wèixīng Dǎoháng Xìtǒng　　BeiDou navigation satellite system

■ 练习

1. 将词语与其拼音连线

原子钟　　　　　　　wēibō

微波　　　　　　　　jīguāng

激光　　　　　　　　zhèndàng

振荡　　　　　　　　yuánzǐzhōng

2. 听录音，选择你听到的科技词语　🎧 11-03

（1）A. 导航　　　B. 计时　　　C. 精确　　　D. 误差　　　（　　）

（2）A. 计时　　　B. 无线电　　C. 方位　　　D. 原子　　　（　　）

（3）A. 计时　　　B. 精确　　　C. 微波　　　D. 导航　　　（　　）

3. 选词填空

计时　方位　卫星　精确

（1）确定位置需要测量天上的（　　　）到地面接收站的距离。

（2）时间测量越精密，位置计算就越（　　　）。

（3）卫星导航系统可以确定我们的（　　　）。

（4）机械钟可以基本满足人们日常（　　　）的需求。

三 阅读训练

文章一（精读）

卫星"心脏"——星载原子钟

"准备出发，全程25公里，大约需要23分钟""步行导航开始，前方50米向右行驶。"我们打开手机导航软件，经常会听到这样的指示，然后跟着导航走，就能到达目的地。我们常说智能手机功能非常强大。其实，智能手机只是负责接收信号，发挥主要作用的还是卫星导航系统，它可以确定我们的方位，准确地"引导"我们的方向。

确定位置需要测量天上的卫星到地面接收站的距离，从数学上看，这个问题似乎很简单，距离等于速度乘以运动时间。但实践起来是有

指示 zhǐshì
instruction

难度的，以卫星为空间参考点，向用户终端发送无线电，传播速度是光速，时间就是无线电信号从卫星至接收器所用的传播时间。所以，在信号传播速度（光速，一般取 300000km/s）已经知道的前提下，时间测量越精密，位置计算就越精确。要实现精密的时间测量，只有原子钟能做到。想要了解原子钟，我们需要先认识什么是"时钟"。

很久以前，中国古人通过观察天体的周期性运动来记录时间，比如，白天等到太阳出来就开始劳动，晚上等到太阳落山就要休息。就这样，他们通过观察自然现象来模糊地定义时间，这样的时间被称为"自然钟"。后来，人们逐渐发明了如日晷、沙漏等计时装置，这些装置能够指示时间按等量间隔流逝，这也标志着人造时钟的出现。而当钟摆等可持续进行反复周期运动的振荡器出现后，人们把所有能产生振荡频率的装置都称为"时间频率标准"，并以此为基础，发明了真正可持续运转的时钟。

周期性 zhōuqīxìng periodicity

等量 děngliàng equal amount

人造 rénzào man-made, artificial

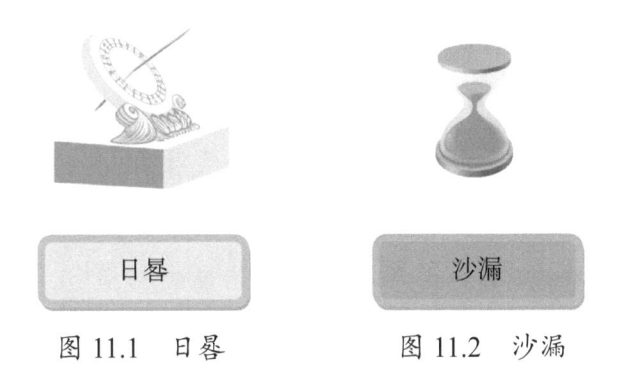

图 11.1　日晷　　图 11.2　沙漏

时钟可以记录时间，但是存在误差，比如机械钟的误差约为每年 1 秒，这种计时装置的精确度可以基本满足人们日常计时的需要。但是在卫星导航系统中，1 纳秒（十亿分之一秒）的时间误差会导致 0.3 米的距离误差，所以普通时钟不能用于导航定位。于是，科学家们研究出高精度的原子钟，因为原子超精细结构的跃迁能级具有非常稳定的跃迁频率，可以将时间误差减至最小。

机械钟 jīxièzhōng mechanical clock

由于原子内部存在着上、下两个能级结构，原子在其间跃迁发出的电磁波精度非常高，当电磁波与原子二能级发生共振，就能将产生电磁波的振荡器锁定到原子二能级跃迁频率上。把振荡器输出高精度的频率信号作为时间频率标准，可实现精密时间测量。

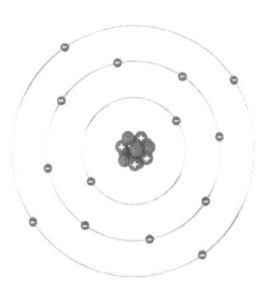

图 11.3　原子的能级

锁定 suǒdìng lock

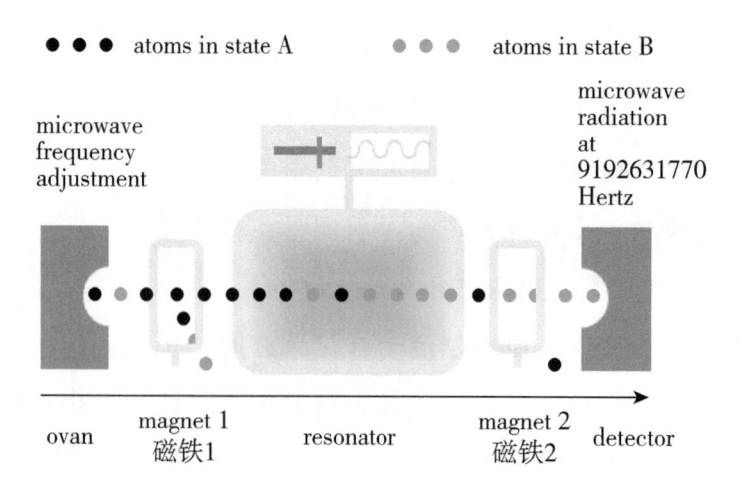

图 11.4 微波场

为了使原子超精细结构的跃迁能级产生稳定的跃迁频率，需要对原子加热，使其汽化，然后通过一个真空管，在这一过程中，原子气体要先通过一个磁场，磁场的作用是选择合适的能量状态的原子。然后再通过一个强烈的微波场，微波能量的频率在一个很窄的频率范围内波动，使得在每一个循环中一些原子的频率点可以达9192631770Hz。精确的晶体振荡器所产生的微波的频率范围已经接近于这一精确频率。当一个原子接收到正确频率的微波能量时，其能量状态将会发生相应的变化。

在真空管的另一端，另一个磁场将那些由于微波场在正确的频率上且已经改变能量状态的原子分离出来。在真空管尽头的探测器将打击在其上的原子按比例显示，并在处在正确频率的微波场处呈现峰值。这一峰值可以用来修正晶体振荡器，并使得微波场正好处在正确的频率。这一锁定的频率被9192631770除，得到常见的现实世界需要的每秒一个脉冲。

目前导航卫星中普遍应用的氢、铷、铯原子钟，都是根据这一工作原理而研制的。

[改编自：搜狐网2017年11月30日文章《北斗"心脏"：一只"300万年1秒误差的"的钟》，作者山东汇投北斗科技；新华网2016年09月14日文章《"天宫二号"科普来了（一）：超高精度空间冷原子钟》；北斗卫星导航系统网站2011年3月18日文章《天空中的"指南针"——卫星导航系统》；好看视频2021年12月27日《秒懂百科》视频《原子钟：一种高精度计时装置》]

注释

1. 能级：原子由原子核和核外绕核运转的电子构成，电子由于具有不同的能量，就按照各自不同的轨道围绕原子核运转，即能量不同的电子处于不同的等级。
2. 共振：物理学专业术语，是指某一物理系统在特定频率和波长下，比其他频率和波长以更大的振幅做振动的情形。
3. 磁场：传递实物间磁力作用的场。

■ 练习

1. 词语连线

（1）接收　　　　a. 测量

（2）能级　　　　b. 导航

（3）时间　　　　c. 信号

（4）卫星　　　　d. 频率

（5）跃迁　　　　e. 结构

2. 选词填空

（1）中国古人通过观察_____（物体/天体）的周期性运动来记录时间。

（2）这相当于300万年只有1秒_____（偏差/误差）。

（3）钟摆是可以长时间反复周期运动的_____（振荡/震荡）器。

（4）通过观察自然现象来_____（模糊/含糊）地定义时间。

（5）目前导航卫星中普遍应用的氢、铷、铯原子钟，都是_____（基于/源于）这一工作原理而研制的。

3. 根据文章内容填空

（1）在信号传播_____已知的前提下，时间测量越_____，位置计算就越_____，要实现精密的时间_____，只有_____能做到。

（2）时钟可以记录时间，但是存在误差，比如机械钟的_____约为1秒/年，计时_____可以基本满足人们日常计时的需要。

（3）由于原子内部存在着上、下两个_____结构，原子在其间_____发出的电磁波精度非常高，当电磁波与原子二能级发生_____，就能将产生电磁波的振荡器锁定到原子二能级跃迁_____上。

4. 根据文章内容判断正误

（1）卫星导航系统可以确定我们的位置，为我们指引方向。　　（　　）

（2）普通时钟可以满足导航定位的需要。　　（　　）

（3）无线电信号的传播速度是音速。　　　　　　　　　　　　（　　）

（4）原子在能级结构间跃迁发出的电磁波精度非常高。　　　　（　　）

（5）时钟是能够指示时间按等量间隔流逝的计时装置。　　　　（　　）

5. 回答问题

（1）为什么普通时钟不能用于导航定位？

（2）原子钟的工作原理是什么？

文章二（通读）

卫星导航原子钟的类型

目前，应用比较成熟的有铯原子钟、铷原子钟、氢原子钟等。不同原子钟的基本原理都相同，区别在于使用的原子元素种类和观测能量变化的方法。相比于一般的原子钟，安装在卫星上的原子钟还需要具备重量轻、功耗小、可靠性高、稳定性好等特点。尤其是高可靠性，对于一个导航系统的正常运行有着至关重要的意义。虽然卫星都有寿命限制，维持导航系统运行需要不断发射新卫星补充即将停止工作的卫星，但如果在轨的原子钟毫无征兆地突然罢工，就会带来不小的麻烦和损失。

铯原子钟的长期稳定性较好，可以几天甚至十几天不对误差进行修正。铷原子钟在短时间内的精度要好于铯原子钟，但是时间稍长就要对误差进行修正。而氢原子钟则具备这两者共同的优点，但是设计相对复杂，应用难度比较高。氢原子钟分为主动和被动两种类型。主动型稳定度指标最优，但体积比较大，一般用于地面授时。被动型的体积小、重量轻、功耗低，稳定度指标仅次于主动型，多用于地面移动平台和卫星。早期GPS曾经考虑过使用氢原子钟，但后来因为样机模型未能通过地面测试而取消，转而采用了铯原子钟和铷原子钟结合的方式。欧洲的伽利略系统在立项之初的一个目标就是要超越GPS的精度。因此，伽利略系统的导航卫星上配备了铷原子钟和氢原子钟。

稳定性 wěndìngxìng stability

精度 jīngdù precision, accuracy

体积 tǐjī volume

配备 pèibèi allocate, equip

当前，下一代冷原子钟也在蓬勃发展中。相比于前文提到的几种原子钟，冷原子钟可以利用激光让"躁动"的原子逐渐冷却下来。冷原子以非常缓慢的速度与微波作用，延长原子与微波作用的时间，从而可以获得更高的时间精度。对于冷原子钟来说，空间比地面更适合它工作，因为航天器在轨运行的微重力状态可以使原子的速度不再受到重力影响。天宫二号空间实验室上，就搭载了中国科学家开展空间冷原子钟试验的装置。未来，这种原子钟将把原子钟的精度再提高10倍。如此高精度的原子钟不但可以用于地面定位，还可以开展深空导航定位。如果我们在太阳系中不受引力影响的拉格朗日点各放置一台冷原子钟，人类就可以超越近地范围，在太阳系这个更大的范围内实现准确定位。同时，它还可以用于开展引力波、引力红移的观测，验证广义相对论，为人类更深入地认识物质世界提供帮助。

激光 jīguāng laser
冷却 lěngquè cool
航天器 hángtiānqì spacecraft

引力红移 yǐnlì hóngyí gravitational redshift

（改编自北斗卫星导航系统网站2017年8月3日文章《一层一层剥开你的心——卫星导航原子钟》）

◎ 注释

1. 拉格朗日点（Lagrangian point）：指受两个大物体的引力作用下在空间中的一点，在该点，小物体相对于两大物体基本保持静止。
2. 引力红移（gravitational redshift）：物体的电磁辐射由于某种原因频率降低的现象，在可见光波段，表现为光谱的谱线朝红端移动了一段距离，即波长变长，频率降低。

■ 练习

1. 根据文章内容判断正误

（1）铯原子钟的长期稳定性较好，可以几天甚至十几天不对误差进行修正。（　　）
（2）铷原子钟分为主动和被动两种类型。（　　）
（3）铯原子钟、铷原子钟、氢原子钟和冷原子钟在应用方面都已经很成熟了。（　　）
（4）伽利略系统的导航卫星上配备了铷原子钟和氢原子钟。（　　）

2. 选词填空

航天器　稳定性　修正　激光

（1）安装在卫星上的原子钟还需要具备重量轻、功耗小、可靠性高、_____好等特点。

（2）冷原子钟可以利用_____让"躁动"的原子逐渐冷却下来。

（3）原子钟也会有误差，需要定期对其进行_____。

（4）_____在轨运行的微重力状态可以使原子的速度不再受到重力影响。

文章三（略读）

时间测量——从日晷到冷原子钟

在人类文明进步和科学技术发展的历史中，人类活动所带来的社会需求与时间测量的精度有很重要的关系。从14世纪到19世纪中期的500多年，人们首先采用古老的摆轮钟代替了自然钟（精度约为10^{-2}量级，误差约为15分钟/天），然后在钟摆装置的基础上逐渐发展出日益精密的机械钟表，使机械钟的计时精度最高达到10^{-8}量级，误差约为1秒/年。从20世纪30年代开始，随着晶体振荡器的发明，体型更小、能耗更低的石英晶体钟表代替了机械钟，应用在电子计时器和其他各种需要计时的行业，一直到现在，成为人们日常生活中所使用的主要计时装置。20世纪40年代开始，现代科学技术特别是原子物理学和射电微波技术发展得很快，科学家们利用原子超精细结构跃迁能级具有非常稳定的跃迁频率这一特点，发展出比晶体钟更高精度的原子钟。

自从有了原子钟，人类计时的精度以几乎每十年提高一个数量级的速度不断提升，1967年第13届国际计量大会将时间"秒"进行了重新定义："1秒为铯原子基态的两个超精细能级之间跃迁所对应的辐射的9192631770个周期所持续的时间"。20世纪末达到了10^{-14}量级，即误差约为1秒/300万年，在此基础上建立的全球定位导航系统覆盖了整个地球98%的表面，将原子钟的信号广泛地应用到了人类活动的

量级　liàngjí
order of magnitude

体型　tǐxíng
type of build/figure

计量　jìliàng
measure (with a device, an instrument, etc.)

基态　jītài
ground state

覆盖　fùgài
cover

各个方面。

随着激光冷却原子技术的发展，利用激光冷却的原子制造的冷原子钟使时间测量的精度进一步提高，到目前为止，地面上精确度最高的冷原子喷泉钟误差已经减小到 1 秒 /3 亿年，更高精度的冷原子光钟也在发展中。

冷原子钟 lěng yuánzǐzhōng cold atom clock

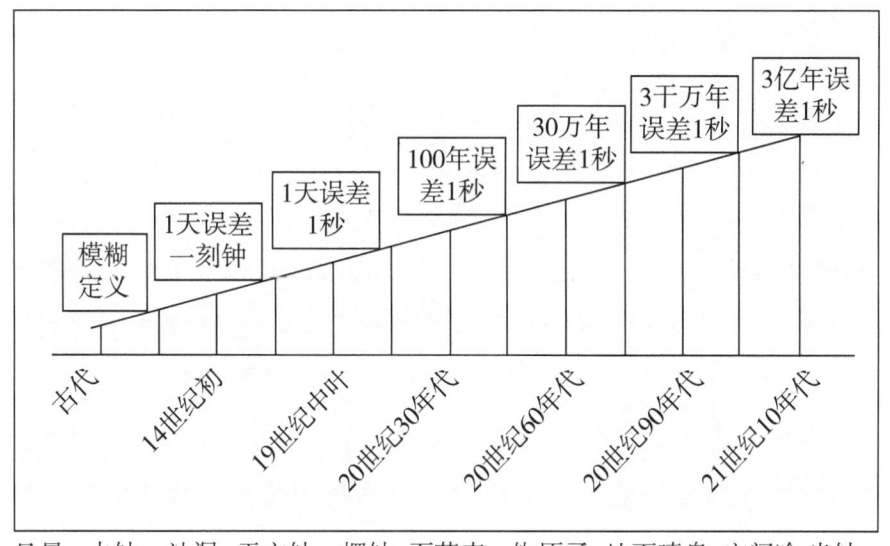

图 11.5 时间测量工具演变

总的来说，"时间"成为现代科学技术中测量准确程度最高的基本物理量，通过各种物理转化，可以提高长度、磁场、电场、温度等基本物理量的测量精度，是现代物理计量的基础。

转化 zhuǎnhuà transfer

长度 chángdù length

（改编自网易新闻 2016 年 9 月 17 日文章《3000 万年误差 1 秒！揭秘空间冷原子钟》）

■ 练习

1. 根据文章内容，对钟表的正确出现时间进行排序

A. 自然钟　　　　B. 机械钟　　　　C. 原子钟
D. 石英晶体钟　　E. 摆轮钟

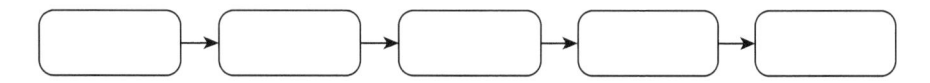

☐ → ☐ → ☐ → ☐ → ☐

2. 简要回答问题

（1）文中第一段，人们日常生活中所使用的主要计时装置是什么钟表？

（2）文中第二段，1967年第13届国际计量大会将时间"秒"进行重新定义，是基于什么原子的基态？

（3）文中第三段，冷原子钟的出现是基于什么技术？

（4）文中第四段，现代物理计量的基础是什么？

四 听说训练

利用太阳、月球和其他自然天体导航已有数千年历史，由人造天体导航的设想虽然早在19世纪后半期就有人提出，但直到20世纪60年代才开始实现。1964年美国建成"子午仪"卫星导航系统，并交付海军使用，1967年开始民用。1973年又开始研制"导航星"全球定位系统。随后苏联也建立了类似的卫星导航系统。法国、日本、中国也开展了卫星导航的研究和试验工作。卫星导航综合了传统导航系统的优点，真正实现了各种天气条件下全球高精度被动式导航定位。

■ 练习

1. 请听文章第一部分，根据听到的内容选词填空 🎧 11-04

分辨　定位　卫星

（1）北斗_____导航系统是中国自主研制的全球卫星导航系统。

（2）北斗星是古代的人们用来_____方位的依据。

（3）卫星导航系统为人们提供_____、导航、授时服务。

2. 请听文章第二部分，根据听到的内容完成表格 🎧 11-05

	组成部分	主要功能
北斗卫星导航系统		

3. 请再听一遍文章，口头回答问题并在小组内交流 🎧 11-06

（1）全球四大卫星导航系统分别是什么？

（2）北斗卫星导航系统标志上的什么是中国四大发明之一？

（3）在北斗卫星导航系统的组成部分中，用户定位设备由什么组成？

（4）请举例说明北斗导航系统的功能。

五 能力拓展

■ 练习

1. 把下面两段话分别缩写到 100 字以内

　　目前，应用比较成熟的有铯原子钟、铷原子钟、氢原子钟等。不同原子钟的基本原理都相同，区别在于使用的原子元素种类和观测能量变化的方法不同。相比于一般的原子钟，安装在卫星上的原子钟还需要具备重量轻、功耗小、可靠性高、稳定性好等特点。尤其是高可靠性，对于一个导航系统的正常运行有着至关重要的意义。虽然卫星都有寿命限制，维持导航系统运行需要不断发射新卫星补充即将停止工作的卫星，但如果在轨的原子钟毫无征兆地突然罢工，就会带来不小的麻烦和损失。

2. 表达

（1）在现代科学技术中，时间是测量准确程度最高的基本物理量。可是，在人际交往中，不同的时间观念，也会成为影响交际成败的关键因素。你的时间观念是怎样的呢？会准时赴约吗？做事情会提前安排和预约吗？请大家一起分享自己的时间观念吧！

（2）推荐同学们观看 CCTV《开讲啦》20170924 期节目——《北斗卫星导航系统总设计师杨长风：万物互联，有北斗》，并写出自己的感想。

六 词语进阶

指示	周期性	等量	人造	机械钟	锁定	加热
汽化	探测器	峰值	脉冲	稳定性	精度	体积
配备	激光	冷却	航天器	引力红移	广义相对论	量级
体型	计量	基态	覆盖	冷原子钟	转化	长度
司南	分辨	象征	定位	静止	授权	测速

第十二章 神秘半导体

一 话题热身

1. 你关注过 2022 年北京冬奥会的开幕式吗？你觉得开幕式上哪些场景让你印象深刻？请试着举例说明。

2. 你听说过 LED 舞台吗？你知道它可以呈现怎样的效果吗？请试着举例说明。

二 词语储备

1. 科技词语 🎧 12-01

播放器（名）	bōfàngqì	player
电动汽车（短语）	diàndòng qìchē	electric vehicle
驱动（动）	qūdòng	drive
电气（名）	diànqì	electric power, electricity
模组（名）	mózǔ	module
续航（动）	xùháng	(of airplanes and ships) continue a journey without refuelling

2. 专有名词 🎧 12-02

贝尔实验室（机构名）	Bèi'ěr Shíyànshì	Bell Labs
特斯拉（品牌名）	Tèsīlā	Tesla
小米（品牌名）	Xiǎomǐ	Xiaomi
比亚迪（品牌名）	Bǐyàdí	BYD

■ 练习

1. 将词语与其拼音和释义连线

播放器	diàndòng qìchē	以车载电源为动力的车辆
续航	bōfàngqì	能播放以数字信号形式存储的文件的软件
电动汽车	xùháng	连续航行（使用）
电气	qūdòng	电能相关的学科或工程领域的统称
驱动	diànqì	施加外力，使动起来

2. 听录音，选择你听到的科技词语 🎧 12-03

（1）A. 播放器　　B. 超晶格　　C. 编码器　　D. 分辨率　　（　　）

（2）A. 半导体　　B. 续航　　　C. 菊花链　　D. 短视频　　（　　）

（3）A. 负荷　　　B. 器件　　　C. 电动汽车　D. 效率　　　（　　）

三　阅读训练

文章一（精读）

揭秘世界最大 LED 舞台
——北京冬奥会开幕式上的数字显示技术

LED 的中文名叫半导体发光二极管，它具有高光效、长寿命的特点。LED 节能效果明显，它的电光转换效率是荧光灯的 5 倍、白炽灯的 20 倍。

2022 年 2 月 4 日，在北京冬奥会开幕式上，42208 个 50 厘米见方的 LED 模块组成一个新式的体验空间，它结合视觉和听觉，把数字科技完美地呈现在大家面前。

开幕式 60% 以上的演出，是在作为开幕式演出显示系统和表演舞台的地面显示系统上进行的，这是目前世界上最大的 LED 三维立体舞台，像素达到 14880×7248，接近 8 个 8K 分辨率，完美呈现 3D 效果。

为了达到显示同步的良好效果，技术团队按照最好的显示效果设计播放控制系统，共设计了 7 组 8K 播放服务器和 6 组视频拼接器，实现多个播放器视频输出同步。此外，为了避免传统的菊花链式级联同步带来的问题，技术团队采用了一套帧同步信号发生器，同时为 14 台播放服务器和 24 台视频拼接器提供统一的外同步信号，确保 38 台独立的设备保持同步工作并且互不干扰，同步时间误差不超过 2 微秒，画面像素扫描误差不超过 1 行。

在开幕式地面 LED 显示系统的设计和实施环节，引入了航天质量管理方法，严格把控每一个环节。经过充分的测试验证，每一块 LED 显示模块和电线电缆都可以在零下 20 摄氏度的条件下，承受演员和设备的重量，稳定地呈现 8K 视频，确保画面效果。这改变了传统演出舞

荧光灯　yíngguāngdēng　fluorescent lamp

白炽灯　báichìdēng　incandescent lamp

见方　jiànfāng　square

信号发生器　xìnhào fāshēngqì　signal generator

台的空间结构，实现了人和屏幕的互动，同时实现数字化多维空间特效。

这样一个LED屏如何实现可靠、安全、稳定供电也是要解决的难题之一。

开幕式舞台三个显示屏幕的总用电量非常大，主供电回路、备供电回路用电负荷各需要2600千瓦，三个装置共同使用100千瓦的航空箱配电柜52台，20千瓦的电源分配器534台，各类电线电缆19.8万米。设计团队在LED显示屏幕的配电系统设计中采用了双电源双电力模式。

在每个LED单元箱体内，都有主电源和备用电源两个开关电源，两个电源的工作模式为"均流热备"模式。正常供电时，每个电源带载50%的用电负荷，如果其中一块电源出现故障，那么另外一块电源可以立即带载100%的用电负荷，不会有切换断电的时间延长的情况发生。

多维	duōwéi	multidimensional
回路	huílù	loop
配电柜	pèidiànguì	electric power distribution cabinet
带载	dàizài	load

◉ 注释

1. 菊花链（daisy chain）：在电子电气工程中，菊花链代表一种配线方案。例如设备A和设备B用电缆相连，设备B再用电缆和设备C相连，设备C用电缆和设备D相连。在这种连接方法中，只有相邻的设备之间才能直接通信，例如在上例中设备A是不能和设备C直接通信的，它们必须通过设备B来中转，这种方法不会形成环路。因为最后一个设备不会连向第一个设备。这种连线方法能够用来传输电力、数字信号和模拟信号。例如交换机/集线器的堆叠方式就可以用菊花链来连接。USB总线也是用菊花链方式来连接各个USB设备的。
2. 级联（cascade）：将一组（2个以上）器件按前一个的输出接后一个的输入的方式依次相连的一种多实体串联形式。
3. 帧同步（frame synchronization）：多路通信系统中，为了能正确分离各路信号，在发送端必须提供每帧的起始标记，在接收端检测并获取这一标志的过程称为帧同步。

■ 练习

1. 阅读文章第四、五段，对下列句子进行排序

① 经过充分的测试验证，每一块LED显示模块和电线电缆都可以在零下20度的条件下，承受演员和设备的重量，稳定地呈现8K视频，确保画面效果。

② 除设置播放控制系统外，为了避免传统的菊花链式级联同步带来的问题，技术团队采用了一套帧同步信号发生器，同时为14台播放服务器和24台视频拼接器提供统一的外同步信号，确保38台独立的设备保持同步工作并且互不干扰。

③ 同步工作时，时间误差不超过 2 微秒，画面像素扫描误差不超过 1 行。

④ 为了达到显示同步的良好效果，技术团队按照最好的显示效果设计播放控制系统。

⑤ 在开幕式地面 LED 显示系统的设计和实施环节，引入了航天质量管理方法，严格把控每一个环节。

正确顺序为：_____

2. 根据文章内容判断正误

（1）开幕式舞台正常供电时，每个电源带载 50% 的用电负荷。　　　　（　　）

（2）白炽灯的中文名叫半导体发光二极管。　　　　　　　　　　　　（　　）

（3）LED 节能效果显著，其电光转换效率是荧光灯的 5 倍，白炽灯的 20 倍。（　　）

（4）白炽灯具有高光效、长寿命的特点。　　　　　　　　　　　　　（　　）

（5）传统照明光源不存在电光转换效率低的问题。　　　　　　　　　（　　）

3. 根据提示回答问题

（1）LED 的中文名叫什么？它有什么特点？

①中文名叫……

②转换效率是……的……倍

（2）开幕式舞台使用的 LED 屏幕用电量大吗？有多大？

①用电负荷需要……

②装置使用……

4. 下面哪张图更可能存在于 LED 单元箱体内？

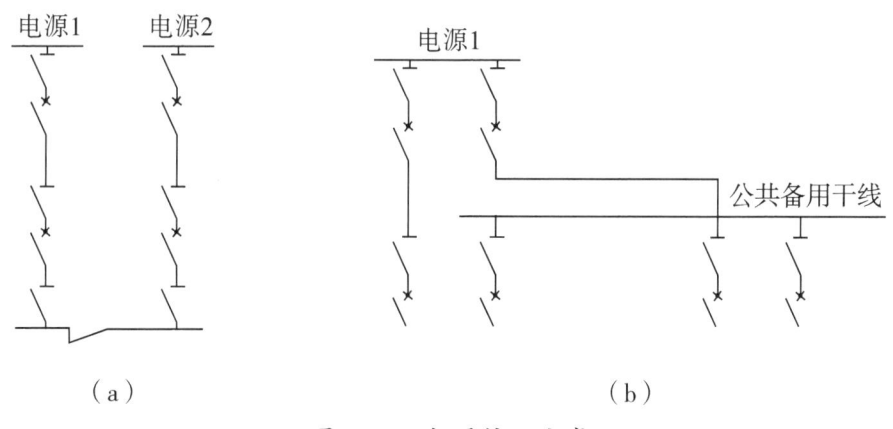

图 12.1　电源接入方式

5. 根据文章内容，回答问题

（1）为了达到显示同步的良好效果，技术团队做了哪些工作？

（2）技术人员如何实现 LED 屏可靠、安全、稳定供电？请举例说明。

文章二（通读）

半导体物理的进展

半导体是指导电能力介于金属和绝缘体之间的一类物质。20世纪40年代末，在发明了半导体二极管和晶体管后，半导体器件和技术的研究成为电子技术中的新领域。

不同半导体的基本参数不同，变化范围很宽，而且容易控制。这样，半导体就成为研究固体物理学重要现象的理想样品。此外，从半导体的发展历史来看，几乎每一种新现象都会产生新的应用，实际上半导体是电子学新器件之源。

在这样不仅有要求又有条件的情况下，近几十年来半导体物理有了很大的进展，科学家们对能带结构、光导性质、电学性质都进行了很多研究，并且取得了很多成果。比如，1957年日本科学家发现，用高浓度材料研制的狭窄PN结的伏安特性和一般晶体二极管不同：在加反向偏压时，电流很快增加；在加正向偏压时，开始时电流增加得很快，达到峰值后下降，形成一个负阻区。科学家用能带论和量子力学的隧道效应解释了这个现象，并制造了隧道二极管。

又比如，"电子—空穴液滴"现象的发现也引起了人们的兴趣。在通常的温度下，在半导体中一个电子被激发到导带后，在价带中就留下一个空穴。电子和空穴由于库仑作用而形成束缚状态时，称为"激子"。激子可以由光辐照产生，经过一定时间后由"电子—空穴"复合而发光。在连续辐照下，激子的数量在晶体中维持动态平衡，形成具有一定密度的激子"气体"。在温度比某一个值低时，激子会凝成"液滴"，这样就会降低它的结合能和整个系统的能量。

1966年，美国贝尔实验室首先发现硅晶体在温度很低的时候，荧光谱中会出现另外一个宽峰，比激子谱线的波长长一些。1968年，苏联的一个物理研究所也在类似的条件下研究了锗晶体，观察到一种不寻常的电导跳跃。1978年，研究有了新的进展：获得了"电子—空穴液滴"的照片。现在，无论理论物理还是实验物理都对这一基础研究非常感兴趣。物理学家认为，通过对它的研究有希望把纯半导体内的各种元激发间的相互作用了解清楚，并且可以进行实际应用。

绝缘体 juéyuántǐ insulator
晶体管 jīngtǐguǎn transistor
PN结 PN jié p-n junction
偏压 piānyā biasing
负阻区 fùzǔqū negative resistance region
导带 dǎodài conduction band
价带 jiàdài valence band
光辐照 guāngfúzhào light irradiation
荧光谱 yíngguāngpǔ fluorescence spectroscopy
谱线 pǔxiàn spectral line
锗 zhě germanium (Ge)

目前，在对半导体的研究中，最突出的是对半导体超晶格的研究。1970年，科学家从理论上提出了超晶格的概念。所谓半导体超晶格，是指两种不同材料在一个维度上根据层状排列而形成周期结构，而超晶格相邻两层不同材料的厚度之和小于电子的平均自由程。然而，这种特殊的结构的获得是比较复杂的。目前人们利用半导体超晶格材料研制了超高速场效应管、多量子阱激光器等。

场效应
chǎngxiàoyìng
field effect
多量子阱
duōliàngzǐjǐng
multiple quantum well

◎ 注释

1. 能带结构（energy band structure）：又称电子能带结构，物理学术语。在固体物理学中，固体的能带结构描述了禁止或允许电子所带有的能量。
2. 库仑作用（Coulomb interaction）：真空中两个静止的点电荷间相互作用的库仑力。
3. 电导跳跃（hopping conductivity）：在非晶半导体中，定域态中的电子通过热激活跳跃到相邻或更远格点上形成的电导。
4. 元激发（elementary excitation）：指从固体的微观结构来看，固体是由数量众多的电子、原子或离子所组成，这些粒子以一定的规律相互作用，从而形成一个巨大的多粒子体系。
5. 平均自由程（mean free path）：在一定的条件下，一个气体分子在连续两次碰撞之间可能通过的各段自由程的平均值，微粒的平均自由程是指微粒与其他微粒碰撞所通过的平均距离。用符号 λ 表示，单位为米。

■ 练习

1. 词语连线

（1）能带　　　　　　a. 效应
（2）光导　　　　　　b. 谱线
（3）隧道　　　　　　c. 超晶格
（4）激子　　　　　　d. 结构
（5）半导体　　　　　e. 性质

2. 为文章的每一段选择合适的小标题

第一段（　　）　　A. 激子的研究
第二段（　　）　　B. 超晶格的研究
第三段（　　）　　C. 各个实验室对纯半导体内的各种元激发间的研究
第四段（　　）　　D. 半导体是电子学新器件之源
第五段（　　）　　E. 电子技术中的新领域
第六段（　　）　　F. 隧道二极管的研究

理工中文

> **3. 根据文章内容回答问题**
> （1）什么是激子？
> （2）近年来，在对半导体物理研究中，最突出的是对什么的研究？研究有哪些进展？

文章三（略读）

功率半导体助力"碳中和"

光伏风能发电储能系统、电动汽车和充电桩、工业变频控制系统……许多节能降碳的应用可以帮助实现"碳达峰""碳中和"的目标。在电子电力系统中发挥功耗控制作用的，是功率半导体器件。

一、小器件，大用途

功率半导体是实现电能转换的核心器件，能够对电压电流的运用进行有效控制，通过开关状态的变化，实现逆变、整流、变频等多种功能，控制对电子电力系统的能量输出，将整个电子电力系统的能耗控制在最低范围内，从而达到合理管理能量、降低能耗、减少碳排放的目标。

功率半导体器件的不同结构决定不同的开关频率、功率水平和击穿场强，因此也决定着不同类型功率半导体的使用。IGBT、MOSFET是目前最常见的功率半导体器件。由于需要的驱动功率小、开关速度快，硅基的MOSFET在600V以下的应用中成为主流。由于导通损耗低等优点，硅基的IGBT成为600V~6500V高压的应用市场的主流。

由于功率半导体具有的结构和功能，它已经成为发电、输电、配电、用电等多个领域的核心器件。例如，在用来输电配电领域的交流直流断路器等设备和用电领域的电动汽车电驱等设备中，功率半导体都发挥着突出作用。作为用来控制功率的器件，降低能耗、提升能源转化效率是功率半导体器件发展的主要方向。

此外，功率半导体还为节能降碳带来了新的发展空间。功率半导体能够创造新的电能生产和应用方式，比如电动汽车等，从而减少化石能源的使用；功率半导体的使用可以提高能源利用效率，比如变频节能、直流输电，从而降低能源损耗。

二、IGBT成为主流，国内厂商做出调整

IGBT具备控制功率小、通态电流大、损耗小等许多优点，因此在

功率半导体
　gōnglǜ
　bàndǎotǐ
　power
　semiconductor
逆变 nìbiàn
　inversion
整流 zhěngliú
　rectify
击穿场强
　jīchuān
　chǎngqiáng
　breakdown field
　strength
硅基 guījī
　silicon-based
交流 jiāoliú
　alternating
　current (AC)
直流 zhíliú
　direct
　current (DC)
断路器 duànlùqì
　circuit breaker

目前市场中具有绝对的优势。IGBT是一个非通即断的开关器件，通过栅源极电压的变化控制它的开关状态，能够根据信号指令来调节电压、电流、频率、相位等，从而实现准确控制，因此，IGBT成为目前功率半导体市场最主流的器件，它在新能源发电、电动汽车和充电桩、电气化船舶、直流输电和节能等领域都有应用。"碳达峰""碳中和"目标的提出，将带动半导体产业的增长。

更高的功率密度、更小的开关的损耗、芯片尺寸和模块体积，是未来IGBT的技术发展方向。但是，在提升功率半导体产品性能的道路上，硅基器件自身材料的限制，让半导体器件的功率水平和开关频率无法进一步提升。这时，碳化硅、氮化镓等宽禁带半导体材料就成为了进一步提升功率半导体性能的新选择。

由于目前宽禁带半导体制备难度大、价格高，它的应用主要在车辆等产品中，这些产品和"双碳"目标带来的新能源发电等领域的发展非常契合。这些行业对电源管理稳定性要求高、对功率半导体频率要求高，所以成为宽禁带半导体布局的核心方向。借助"双碳"目标带来的新能源电力等降低碳排放产业的发展，国内IGBT行业将有机会借助宽禁带半导体实现提升。

（改编自电子信息产业网2021年11月29日文章《信息技术助力碳中和：功率半导体看过来》，作者姬晓婷）

栅源极电压
shān-yuánjí
diànyā
gate-source
voltage

相位 xiàngwèi
phase

碳化硅
tànhuàguī
silicon carbide
(SiC)

氮化镓
dànhuàjiā
gallium nitride
(GaN)

注释

1. 碳中和（carbon neutrality）：节能减排术语。碳中和是指国家、企业、产品、活动或个人在一定时间内直接或间接产生的二氧化碳或温室气体排放总量，通过植树造林、节能减排等形式，抵消自身产生的二氧化碳或温室气体排放量，实现正负抵消，达到相对"零排放"。
2. 碳达峰（peak carbon dioxide emissions）：指在某一个时点，二氧化碳的排放不再增长，达到峰值，之后逐步回落。碳达峰是二氧化碳排放量由增转降的历史拐点，标志着碳排放与经济发展脱钩，达峰目标包括达峰年份和峰值。
3. 宽禁带半导体：宽禁带半导体也被称为第三代半导体，主要包括碳化硅、氮化镓等，优点是禁带宽度大、击穿电场高、热导率高、抗辐射能力强、发光效率高、频率高，可用于高温、高频、抗辐射及大功率器件，是目前大力发展的新型半导体器件。
4. "双碳"：碳达峰与碳中和一起，简称"双碳"。

■ 练习

1. 小组讨论，回答问题

（1）功率半导体都有哪些用途？

（2）功率半导体是如何助力碳中和的？

2. 根据文章内容回答问题

（1）目前功率半导体市场最主流的器件是什么？它有哪些优点？

（2）谈一谈你对节能降碳的理解。

四 听说训练

以碳化硅和氮化镓为代表的宽禁带半导体，在电力电子器件和射频器件上的应用越来越广泛，市场规模也在不断扩大。宽禁带半导体凭借其大幅降低电力传输中能源消耗的显著优势，正成为全球半导体行业的研究热点，也是中国能源优化建设布局中的重要一环。它究竟有哪些用途呢？让我们通过今天的学习，一起来走近它吧！

■ 练习

1. 请听文章第一部分，根据听到的内容判断正误 🎧 12-04

（1）特斯拉的逆变器效率提升了8%。　　　　　　　　　　　　　　（　　）

（2）宽禁带半导体的目标是，通过效率优势带来节能优势。　　　（　　）

2. 请听文章第二部分，根据听到的内容填空 🎧 12-05

宽禁带半导体将很大程度降低能源损耗。由于具有动态参数小、（　　　　）高、损耗小等优势，宽禁带半导体推动了节能减排，将对"碳中和"起到重要的推进作用。具体看来，宽禁带半导体可以满足电力电子、光电子和（　　　　）射频等领域的节能需求。在电力电子领域，碳化硅功率器件与硅器件相比可降低50%以上的能源损耗，减少75%以上的设备装置，有效提升能源转换效率。

宽禁带半导体低功耗、高效能的特点，吸引了全球市场纷纷布局。在供应侧，许多企业都为市场输送碳化硅、氮化镓的二极管、晶体管和功率模块，并把它们应用在（　　　　）、驱动、电池等各种电力系统中。在产品侧，宽禁带半导体已经能被消费者清晰地感受到。碳化硅MOSFET模组提升了特斯拉逆变器的效率，并且降低了传导和开关的损耗，实现了（　　　　）能力的提升。

3. 请再听一遍文章，口头回答问题并在小组内交流 🎧 12-06

（1）你觉得宽禁带半导体的什么特点，让它可以在很大程度上降低能源损耗？

（2）宽禁带半导体在轨道交通中有什么样的应用？

五 能力拓展

■ 练习

1. 请阅读以下内容，用大约 200 字总结一下 2022 年北京冬奥会的 LED 舞台为了达到绝佳的视觉效果，都采取了哪些措施

2022 年 2 月 4 日，在北京冬奥会开幕式上，42208 个 50 厘米见方的 LED 模块组成了一个新式的体验空间，它结合视觉和听觉，把数字科技完美地呈现在大家面前。

开幕式 60% 以上的演出，是在作为开幕式演出显示系统和表演舞台的地面显示系统上进行的，这是目前世界最大的 LED 三维立体舞台，像素达到 14880×7248，接近 8 个 8K 分辨率，完美呈现 3D 效果。

为了达到显示同步的良好效果，技术团队按照最好的显示效果设计播放控制系统，共设计了 7 组 8K 播放服务器和 6 组视频拼接器，实现多个播放器视频输出同步。此外，为了避免传统的菊花链式级联同步带来的问题，技术团队采用了一套帧同步信号发生器，同时为 14 台播放服务器和 24 台视频拼接器提供统一的外同步信号，确保 38 台独立的设备保持同步工作并且互不干扰，同步时间误差不超过 2 微秒，画面像素扫描误差不超过 1 行。

在开幕式地面 LED 显示系统的设计和实施环节，引入了航天质量管理方法，严格把控每一个环节。经过充分的测试验证，每一块 LED 显示模块和电线电缆都可以在零下 20 度的条件下，承受演员和设备的重量，稳定地呈现 8K 视频，确保画面效果。这改变了传统演出舞台的空间结构，实现了人和屏幕的互动，同时实现数字化多维空间特效。

2. 表达

请在小组内讨论以下问题：

（1）在以往的生活中，你用过和半导体相关的产品吗？通过本节的学习，你认为半导体和你的生活都有哪些联系？请举例说明。

（2）你还了解其他节能降碳的方式吗？请举例说明。

六 词语进阶

荧光灯	白炽灯	见方	信号发生器	多维	回路	配电柜
带载	绝缘体	晶体管	PN 结	偏压	负阻区	导带
价带	光辐照	荧光谱	谱线	锗	场效应	多量子阱
功率半导体	逆变	整流	击穿场强	硅基	交流	直流
断路器	栅源极电压	相位	碳化硅	氮化镓		

第十三章 公共卫生危机处理

一 话题热身

1. 你了解病毒吗？它对人类的危害有哪些？
2. 全球或部分地区发生过的公共卫生危机如下，请同学们选择其中一项，在小组内讨论。
   A. "非典"疫情
   B. 甲型 H1N1 病毒流感
   C. 埃博拉疫情
   D. 新冠肺炎疫情
3. 请大家根据生活常识，讨论一下，面对公共卫生危机你会采取哪些防护措施。

二 词语储备

科技词语 🎧 13-01

疫苗（名）	yìmiáo	vaccine
免疫（动）	miǎnyì	be immune
接种（动）	jiēzhòng	inoculate
人体（名）	réntǐ	human body
透过（动）	tòuguò	pass/seep/leak through
微生物（名）	wēishēngwù	microorganism
变性（动）	biànxìng	denature
防护（动）	fánghù	protect
颗粒（名）	kēlì	particle
净化（动）	jìnghuà	purify
隔离（动）	gélí	isolate
结晶（名）	jiéjīng	crystallization
连通（动）	liántōng	connect
上端（名）	shàngduān	upper part/section (of sth. upright)
肺炎（名）	fèiyán	pneumonia

■ 练习

1. 将词语与其拼音和释义连线

肺炎　　　fèiyán　　　不和其他人接触

颗粒　　　yìmiáo　　　维持身体健康的生理功能

疫苗　　　kēlì　　　　用于预防接种的生物制品

免疫　　　miǎnyì　　　保护，使其不受到伤害

防护　　　fánghù　　　小而圆的物质，通常是球形

隔离　　　gélí　　　　一种呼吸系统疾病

2. 听录音，选择你听到的科技词语　🎧 13-02

（1）A. 微生物　　B. 生物　　C. 动物　　D. 人物　　（　）

（2）A. 接力　　　B. 接种　　C. 直接　　D. 结果　　（　）

（3）A. 结构　　　B. 结束　　C. 结晶　　D. 结局　　（　）

3. 用所给词语完成下列句子

用"净化"完成句子：

（1）这个城市投入大量资金，＿＿＿＿＿＿＿＿＿＿＿＿＿＿＿＿。

（2）为了保证饮用水的安全，＿＿＿＿＿＿＿＿＿＿＿＿＿＿＿＿。

用"连通"完成句子：

（3）有了这座桥梁，＿＿＿＿＿＿＿＿＿＿＿＿＿＿＿＿。

（4）政府正在修建一条高速公路，＿＿＿＿＿＿＿＿＿＿＿＿＿＿＿＿。

用"接种"完成句子：

（5）科学家证明，对抗病毒可以通过＿＿＿＿＿＿＿＿＿＿＿＿。

（6）如果＿＿＿＿＿＿＿＿＿＿，便可以在社会群体中形成免疫屏障。

三　阅读训练

文章一（精读）

疫苗是战疫的"武器"

2021年的世界免疫周主题是"疫苗使我们更紧密"。历史上人类遭遇的天花、脊髓灰质炎等传染病都通过接种疫苗得到了有效控制，世界卫生组织在今年的世界免疫周相关宣传材料中说，疫苗能够

天花　tiānhuā
smallpox

脊髓灰质炎
jǐsuǐ huīzhìyán
poliomyelitis, polio

挽救大量生命，接种疫苗被认为是全球最成功和最具成本效益的卫生干预措施之一。

疫苗产生作用的普遍机制是，消灭活性或减少毒性的病原体进入人体后，人体免疫系统能够区别出相关病原体的特征，并对如何抵抗它产生记忆，如果再遇到这个病原体，就能有效地产生免疫反应，使人体不再受到传染病带来的伤害。由疫苗导致的免疫反应与自然感染病原体而产生的免疫反应类似，但是风险不同。如果自然感染病毒或细菌等病原体，生病康复后身体里也可能会产生抗体并获得免疫力，但会付出很高的代价，例如孕妇感染风疹会导致宝宝出生时有缺陷，普通人感染某些病原体还有可能死亡。而疫苗中使用的病原体往往是消灭活性或减少毒性的，人的免疫系统通常能够有效应对，所以引起疾病的风险较低。现在还有通过基因技术等开发的新型疫苗，在很大程度上提高了效果并降低了风险。

从最初开始探索种"牛痘"以预防天花，到现在有了针对麻疹、脊髓灰质炎等多种疾病的疫苗，疫苗给予了无数人生存下去的机会。世界卫生组织还强调，接种疫苗不仅能保护自己，还能保护身边的人。比如有重大疾病或某些过敏症的小孩等一些不可以接种疫苗的人，需要依靠其他人接种疫苗来预防疾病。在人群中接种疫苗者达到一定比例后，病毒就很难继续传播。世界卫生组织1979年宣布在全球范围内消灭了天花，这被认为是疫苗使用最成功的例子之一。但是，疫苗研究中也还存在一些困难。疫苗要经过测试确定安全、有效，才能得到批准投入市场。比如对于艾滋病这种重大疾病，尽管全球有关医学研究机构已经花费几十年时间开发疫苗，但由于疫苗的安全性和有效性一直未得到临床的充分证实，所以至今仍然没有一种疫苗能够走出实验室得到普遍应用。

作为一种预防措施，疫苗的研发和分发需要全球范围内的协调和合作，才能确保所有人都能得到及时的保护。我们应该珍惜现代医学和科技的贡献，支持和鼓励疫苗接种，共同努力为人类的健康安全保驾护航。

（改编自新华网2020年4月24日文章《科普：疫苗是战疫的有效"武器"》）

注释

1. 基因（gene）：带有遗传信息的DNA片段。
2. 过敏症（allergy）：人体接触或注射了并未超量且在正常情况下能够承受的特种抗原时，突然发生迅猛异常的生理性反应的症状。
3. 艾滋病（AIDS）：一种危害性极大的传染病，由感染艾滋病病毒（HIV）引起，HIV是一种能攻击人体免疫系统的病毒。

■ 练习

1. 选词填空

> 试验　基因　人体　活性　效益

（1）（　　）免疫系统能够区别出相关病原体的特征，并对如何抵抗它产生记忆。

（2）疫苗中使用的病原体往往是经过消灭（　　）或减少毒性的，人的免疫系统通常能够有效应对。

（3）现在还有通过（　　）技术等开发的新型疫苗，很大程度上提升了效果并降低了风险。

（4）疫苗投入市场前必须先通过临床（　　）。

（5）世界卫生组织在今年的世界免疫周相关宣传材料中说，接种疫苗能够挽救大量生命，被认为是全球最成功和最具成本（　　）的卫生干预措施之一。

2. 连词成句

（1）人的　能够　系统　免疫　通常　有效　应对

_____。

（2）医学　已经　时间　研究　几十年　机构　花费　开发　疫苗

_____。

（3）多种　进入了　新冠疫苗　临床　试验

_____。

（4）无数人　疫苗　给了　下去　生存　的机会

_____。

3. 选出对下面句子解释正确的一项

（1）接种疫苗能够挽救大量生命，被认为是全球最成功和最具成本效益的卫生干预措施之一。　　　　　　　　　　　　　　　　（　　）

A. 接种疫苗是卫生干预措施中的唯一选择

B. 接种疫苗是可以发挥效果的卫生干预措施，但是价格昂贵

C. 接种疫苗可以发挥很好的效果，并且价格成本是人们可以接受的

D. 接种疫苗只在某些国家发挥作用

（2）疫苗要经过测试确定安全、有效，才能得到批准投入市场。（   ）

A. 疫苗一旦研发出来，就可以进行使用

B. 研发出的新疫苗经过测试，只要安全就可以使用

C. 研发出的新疫苗经过测试，只要有效果就可以使用

D. 新疫苗在确保安全和有效果的前提下，才可以生产使用

（3）疫苗中使用的病原体往往是消灭活性或减少毒性的，人的免疫系统通常能够有效应对，所以引起疾病的风险较低。（   ）

A. 无论疫苗中病原体是有活性的还是无活性的，都绝对不会引发疾病

B. 疫苗中的病原体只能是失去活性的，否则会引发疾病

C. 疫苗中的病原体是直接从病毒中分离出来的，不需要进行其他处理

D. 疫苗中病原体经过特殊处理，引起疾病的可能性大大降低

4. 根据文章内容判断正误

（1）人体免疫系统能区分出病原体特征，并对如何抵抗病毒产生记忆。（   ）

（2）疫苗中的病原体在人体内部不会引发免疫反应。（   ）

（3）自然感染病毒恢复后身体内也会产生抗体，但这种方式风险较高。（   ）

（4）新型疫苗的研发可以依靠特殊技术，比如基因技术。（   ）

5. 根据文章内容回答问题

（1）如何理解"接种疫苗不仅能保护自己，还能保护身边的人"这句话？

（2）请举例说明，在疫苗研发过程中，人们遇到了哪些困难？

📖 **文章二（通读）**

"喷一喷"就能消毒？

在医院、街道等一些公众场所，我们有时会看见穿着白色衣服的工作人员，背着一箱"药水"，手上拿着一个喷头，对着地面以及一些角落喷洒"药水"，注意到这一细节的人心里难免会产生疑问：这些"药水"的成分是什么呢？这样"喷一喷"就可以消毒了吗？这些"药水"对人会不会产生不好的影响呢？接下来，让我们透过化学的眼镜去了解一下这些喷洒出来的"药水"。

其实，这种"药水"，专业名称为含氯消毒剂，它能对付各种微生物，包括一些真菌、病毒、细菌繁殖体等，是一种非常高效的消毒剂，

成分 chéngfèn composition, ingredient
消毒 xiāodú disinfect
氯 lǜ chlorine (Cl)
真菌 zhēnjūn fungus
细菌繁殖体 xìjūn fánzhítǐ bacterial propagule

同时以其性价比高的绝对优势，成为目前市场上最受欢迎的消毒产品之一。含氯消毒剂中，有一种非常重要的成分——次氯酸，它通过与细菌细胞壁和病毒外壳发生相关化学作用，使病原微生物裂解。另外，次氯酸不稳定，会分解生成新生态氧，新生态氧的强氧化性可以使细菌和病毒的蛋白质变性，使病原微生物死亡。

在日常使用中，需要按照科学的比例去配置消毒剂，计算公式：$C_1V_1=C_2V_2$，C_1 为原液浓度，V_1 为原液体积，C_2 为所需浓度，V_2 为所需体积。配置好的含氯消毒剂应使用消毒剂浓度试纸和色卡对照，确定配置的浓度是否符合要求，并且在配置成功后，24小时之内就要使用它，否则消毒效果会差很多。

尽管含氯消毒剂的性价比非常高，应用广泛，但是在日常使用中，还需要注意一些问题。比如，很多家庭会买一些含氯的消毒喷雾，用于家庭的空气消毒，需要注意的是，在使用之后，一定要及时打开窗户通风；还有些家庭会买很多种类的消毒剂，但其实含氯消毒剂不可以和其他消毒剂混合使用，否则会发生化学反应，产生有毒的气体，对人体造成伤害；对有些衣服的消毒，最好不要使用含氯消毒剂，因为消毒剂会导致衣服褪色；囤放含氯消毒剂，要注意放在阴凉环境内，在使用期限之内去使用它。

消毒剂已成为人们的日常必需品，在做好防护的前提之下，正确安全地使用消毒剂，才会使我们的生活更加美好。

（改编自甘肃省疾病预防控制中心2020年2月4日文章《含氯消毒剂您用对了吗？》）

次氯酸 cìlǜsuān hypochlorous acid
细胞壁 xìbāobì cell wall
裂解 lièjiě split
生态氧 shēngtàiyǎng nascent oxygen
氧化性 yǎnghuàxìng oxidizability
蛋白质 dànbáizhì protein
喷雾 pēnwù spray
褪色 tuìsè fade
必需品 bìxūpǐn essentials, necessities

■ **练习**

1. 根据文章内容，选择正确答案

（1）含氯消毒剂中的重要成分是（　　）。

A. 次氯酸　　　　B. 盐酸　　　　C. 硝酸　　　　D. 硫酸

（2）次氯酸不稳定，会分解成（　　）。

A. 氯气　　　　B. 新生态氧　　　　C. 氧气　　　　D. 二氧化碳

（3）含氯消毒剂在配置后，需要在（　　）小时之内使用。

A. 24小时　　　　B. 48小时　　　　C. 18小时　　　　D. 6小时

2.为文章第二～四段选择合适的小标题

第二段（   ）　　　第三段（   ）　　　第四段（   ）

A.含氯消毒剂的消毒原理

B.科学配置含氯消毒剂

C.使用含氯消毒剂的注意事项

3.回答问题

（1）简述含氯消毒剂的消毒原理。

（2）查找相关资料了解其他类型的消毒剂，任选一种，在小组中介绍它的主要成分及消毒原理。

文章三（略读）

防护服背后的秘密

医用防护服是医护人员在医治患者时必备的个人防护装备，它不仅能帮助医护人员降低感染风险，也可以防止医护人员将病原体传染给他人。那么，防护服是由什么材料制成的？如何发挥防护作用？事实上，医用防护服的种类很多，包括在医疗环境下医院的工作者穿着的各种服装，如日常工作服、外科手术服、隔离衣以及防护服等。根据不同的环境及功能，医用防护服对于防范液体及细菌进入有不同的标准等级，所采用的材料也是不一样的。通常医用防护服按照其基本功能大致可分为重复利用型防护服和一次性防护服两种。

重复利用型防护服，一般可作为医院工作者的日常工作服和手术服等。主要采用传统机织物、高密织物、涂层织物及层压织物等材料，其中，层压织物是将普通织物与一层特殊薄膜通过层压工艺复合在一起而制得，因其防护性能及透气性能较好而成为业内的主要选择。性能更好的层压织物是聚四氟乙烯超级防水复合面料。该面料是以聚四氟乙烯为原料，经过膨化拉伸后形成的一种带有非常小的孔隙的薄膜，使用特殊技术将此薄膜加在各种织物和基础材料上，可制成新型过滤材料。由于该膜孔隙很小，分布均匀，孔隙率大，在保持空气流通的同时，可以过滤细菌以及灰尘颗粒，达到净化且通风的目的。采用聚四氟乙烯复合膜作为隔离层研制出来的医用多功能防护服，具有防水、

防范 fángfàn be on guard against, prevent

高密织物 gāo-mì zhīwù high-density fabric

涂层 túcéng coating

工艺 gōngyì technology

聚四氟乙烯 jùsìfúyǐxī polytetrafluoroethylene

膨化 pénghuà dilate

孔隙 kǒngxì pore

隔离层 gélícéng isolated layer

抗菌、抗静电、阻燃等良好性能。在自然界的温度条件和压力条件下，这种防护服对血液、病毒都具有很好的隔离性能，过滤效率大于99%。当然，理想的医用防护服应该具有很多功能，不仅能保护医疗工作者不再受到有毒有害的液体、气体或者具有传染性的病毒和微生物的伤害，还要穿起来舒适。在具备隔离性能的同时，还需要具备透气性、抗菌性及防致敏性，不可以危害人的健康。另外选择防护服面料还要考虑成本因素，以及使用之后的环保问题。

但是重复利用型防护服，使用后都要进行清洗和消毒，因此操作极不方便，而且使用一段时间后，其防护性能也会下降。因此，国际上逐渐采用一次性非织造材料（无纺布）制成的防护服。目前，一次性防护服的材质多采用由聚乙烯透气膜制成的复合无纺布。聚乙烯透气膜是在 LDPE/LLDPE 树脂载体中，增加了50%左右的特种碳酸钙进行共混，经挤压成膜后再定向拉伸一定程度而成的。由于聚乙烯树脂为热塑性材料，可在一定条件下进行拉伸和结晶，拉伸使得聚合物与碳酸钙颗粒之间发生界面分离，在碳酸钙颗粒周围就形成了相互连通曲折的孔隙或通道，正是这些孔隙和通道让薄膜具有透气、透湿功能，沟通了薄膜两面的环境。这种防护服，经过进一步的抗菌、抗静电处理，手感和性能跟传统纺织品比较接近，而且价格较低，因此在医用隔离衣和防护服生产中应用得比较广。

这样看来，一件简单的防护服背后，也有着很多的化学知识。

（改编自搜料网2020年2月5日文章《为一线医护人员保驾护航——细说医用防护服里的高新材料》）

词汇	拼音	英文
抗静电	kàng jìngdiàn	be antistatic
阻燃	zǔrán	prevent burning
致敏性	zhìmǐnxìng	sensitization
环保	huánbǎo	environmental protection
无纺布	wúfǎngbù	non-woven fabric
聚乙烯	jùyǐxī	polyethylene
树脂	shùzhī	resin
碳酸钙	tànsuāngài	calcium carbonate
热塑性	rèsùxìng	thermoplasticity

■ 练习

1. 回答问题

（1）根据文章内容，填写下列表格。

段落	段落大意
第一段	
第二段	
第三段	

(2）根据文章内容，参考下列词语，说一说重复利用型防护服的优点。

参考词语：防水、静电、过滤、细菌

2. 小组活动

（1）根据文章内容简述防护服的哪些"黑科技"起到了关键的防护作用。

（2）遇到公共卫生危机的时候，防护眼镜、防护面罩都会发挥重要作用。请大家查阅资料，任选其中一种了解它的制作材料及其防护原理。

四 听说训练

口罩在应对公共卫生危机中扮演着重要角色，可以帮助减少引发呼吸道疾病的病毒和细菌的传播。特别是在像流感暴发期间，正确佩戴口罩可以减缓病毒在人群中的传播速度，保护个人和社区免受病原体的侵害。

■ 练习

1. 请听文章第一部分，根据听到的内容判断正误 🎧 13-03

（1）一般金属条在上方并且向外面凸出的一面是里面。（　　）

（2）折痕向上的一侧是里面，反之则是外面。（　　）

（3）口罩的正反面颜色一般是相同的。（　　）

（4）口罩朝外的那一面比较粗糙，朝内的那一面比较光滑。（　　）

2. 请听文章第二部分，根据听到的内容排序 🎧 13-04

正确佩戴口罩的方法：

（　　）向下拉伸口罩，使口罩不留褶皱　　（　　）用双手紧压鼻梁两侧的金属条

（　　）口罩上端紧贴鼻梁　　（　　）更好地覆盖鼻子、嘴巴

3. 请听文章第三部分，根据听到的内容填空 🎧 13-05

（1）戴口罩是一种可以明显降低病毒_____（A. 传染率　B. 扩散率）的行为。

（2）中间增加了一层过滤防菌率达 99.999% 以上的熔喷无纺布，通过_____（A. 红外线　B. 超声波）焊接而成。

（3）含有肺炎病毒的飞沫靠近熔喷无纺布后，会被_____（A. 静电　B. 电子）吸附在无纺布表面，无法透过。

4. 请再听一遍文章，口头回答问题并在小组内交流 🎧 13-06

（1）根据你所听到的内容，梳理文章的逻辑，选出各部分的主要观点。

第一部分	A. 如何区分口罩正反面 B. 如何区分口罩的好坏 C. 如何区分口罩的大小
第二部分	A. 购买口罩的注意事项 B. 如何正确佩戴口罩 C. 如何正确处理废弃口罩
第三部分	A. 口罩的制作材料 B. 口罩的成本 C. 口罩的生产商

（2）谈一谈在公共卫生危机面前，如果遇到不佩戴口罩的人，你会如何告诉他佩戴口罩的重要性。

五 能力拓展

■ 练习

1. 把下面两段话分别缩写到100字以内

（1）尽管含氯消毒剂的性价比非常高，应用也非常广，但是在日常使用中，还需要注意一些问题。比如，很多家庭会买一些含氯的消毒喷雾，用于家庭的空气消毒，需要注意的是，在使用之后，一定要及时打开窗户通风；还有些家庭会买很多种类的消毒剂，但其实含氯消毒剂不可以和其他消毒剂混合使用，否则会发生化学反应，产生有毒的气体，对人体造成伤害；对有些衣服的消毒，最好不要使用含氯消毒剂，因为消毒剂会导致衣服褪色；囤放含氯消毒剂，要注意放在阴凉环境内，在使用期限之内去使用它。

（2）疫苗产生作用的普遍机制是，消灭活性或减少毒性的病原体进入人体后，人体免疫系统能够区别出相关病原体的特征，并对如何抵抗它产生记忆，如果再遇到这个病原体，就能有效地产生免疫反应，使人体不再受到传染病带来的伤害。由疫苗导致的免疫反应与自然感染病原体而产生的免疫反应类似，但是风险不同。如果自然感染病毒或细菌等病原体，生病康复后身体里也可能会产生抗体并获得免疫力，但会付出很高的代价，例如孕妇感染风疹会导致宝宝出生时有缺陷，普通人感染某些病原体还有可能死亡。

2. 表达

在日常生活中，我们还可以从哪些方面入手应对公共卫生危机？

六　词语进阶

天花	脊髓灰质炎	挽救	活性	毒性	病原体
抵抗	康复	免疫力	风疹	缺陷	牛痘
预防	麻疹	批准	成分	消毒	氯
真菌	细菌繁殖体	次氯酸	细胞壁	裂解	新生态氧
氧化性	蛋白质	喷雾	褪色	必需品	防范
高密织物	涂层	工艺	聚四氟乙烯	膨化	孔隙
隔离层	抗静电	阻燃	致敏性	环保	无纺布
聚乙烯	树脂	碳酸钙	热塑性		

第十四章 饮食中的大学问

一 话题热身

1. 在你平时爱吃的食物前面打"√"

（　）主食

（　）蔬菜

（　）肉类

（　）水果

2. 请在你知道的膳食成分后面画"√"，并在小组中讨论这些成分主要在哪些食物中可以找到

蛋白质　　　　　（　　）

脂肪　　　　　　（　　）

维生素　　　　　（　　）

膳食纤维　　　　（　　）

碳水化合物　　　（　　）

3. 分组讨论：你心目中的健康饮食是怎样的？

二 词语储备

1. 科技词语 🎧 14-01

水稻（名）	shuǐdào	paddy (rice)
性状（名）	xìngzhuàng	shape and properties, character
光合作用（短语）	guānghé-zuòyòng	photosynthesis
脂肪（名）	zhīfáng	fat
室温（名）	shìwēn	room temperature
抑制（动）	yìzhì	restrain
国务院（名）	guówùyuàn	State Council

2. 专有名词 🎧 14-02

| 袁隆平（人名） | Yuán Lóngpíng | Yuan Longping |

■ 练习

1. 连线，选择词语的正确拼音和释义

水稻　　　　zhēngliú　　　　储存人体能量的一种物质

蒸馏　　　　xìngzhuàng　　　一种植物

性状　　　　shuǐdào　　　　通过加热分离液态混合物的方法

脂肪　　　　zhīfáng　　　　生物体所表现的可以鉴别的形态特征和生理特性

2. 听录音，选择你听到的科技词语　🎧 14-03

（1）A. 光合作用　　B. 还原作用　　C. 氧化作用　　D. 分解作用　　（　）

（2）A. 脂肪　　　　B. 蛋白质　　　C. 维生素　　　D. 纤维素　　　（　）

（3）A. 水稻　　　　B. 水草　　　　C. 湖水　　　　D. 水下　　　　（　）

3. 用所给词语完成句子

用"抑制"完成句子：

（1）为了控制自己的开销，_____。

（2）他们正在研究一种新的药物，_____。

用"室温"完成句子：

（3）_____，以避免受潮或变质。

（4）在冬季，为了_____，我们要注意关闭门窗。

三　阅读训练

📄 文章一（精读）

杂交水稻

杂交水稻自从研发以来，解决了无数人的吃饭问题。那么，杂交水稻背后的生物学原理是什么呢？本文将从以下几个方面来说明。

杂交水稻具有很多优势。一千年以前，水稻的亩产量为一百多公斤。而现在的杂交水稻一亩可以生产多少粮食呢？以最新的"超优千号"杂交水稻为研究对象，专家挑选了三片土地同时进行收割，按照最高产量创建产量公式，计算结果是平均亩产一千多公斤。古代的每亩一百多公斤和现在的每亩一千多公斤，对比还是非常鲜明的！为何会出现这样鲜明的对比呢？是因为普通水稻和杂交水稻的性状有很

收割 shōugē
harvest

大的差异。每一株普通水稻长相都不一样，分别有杆长、杆短、穗大、粒粗这四种不同的性状，于是科学家展开了想象，希望一株水稻可以同时具有这些优良性状，也就产生了杂交水稻——一种穗大粒粗的水稻。杂交水稻的优势如下：根系发达，无论从根的粗度还是长度，它都更粗、更长，并且能够承受干旱和高温；在阳光下，光合作用的时候产生的营养更多，稻粒的蛋白质和脂肪含量更高；常规的普通水稻一株大概结80粒稻子，杂交水稻一株可以结150粒左右；由于根更加粗且长，能够适应更复杂的环境，杂交水稻在不同的地区都可以生长良好。

如此优良的杂交水稻是怎么研发的呢？1961年中国正式开始开展杂交水稻的研究，袁隆平教授在早稻田里发现了第一株天然的杂交水稻，其性状具有明显的优势；1973年，研究突破了杂交水稻的三系配套技术；1974年，杂交水稻的研发规模扩大了很多，袁隆平培养出了第一个可以应用于量产的品种——"南优2号"，由于该品种产量很高，国务院立即做出了试种、迅速扩大产量和推广杂交水稻的决定；1996年，农业部启动"中国超级稻育种计划"，由袁隆平教授指导该项目，这个项目的研究一直持续到今天。如今很多人认为千万亩产的超级水稻已是最好的状态，其实并不是，项目一直在进行，相信会继续创造新的水稻亩产记录。

探寻杂交水稻背后的智慧，不仅是了解杂交水稻的研发历史，还需要了解杂交水稻的研发过程。水稻是一种雌雄同株的植物，即同一个植物的花上有雌蕊，也有雄蕊。由于水稻特殊的性状，水稻在交配时采用自交（自花授粉）方式，即一朵花的花粉落到同一朵花的雌蕊柱头上。杂交水稻使用的核心技术是三系杂交水稻技术，这三系分别是不育系、保持系和恢复系。不育系水稻的雄花没有正常发育，雌花是良好的，无法正常结稻子的；保持系和恢复系水稻的雌花和雄花都是良好的，可以正常地结稻子。在水稻的性状上，保持系水稻和不育系水稻一样，恢复系水稻和前两者完全不同。具体的杂交过程如下：第一步，在室温下，一株抗虫的不育系水稻和一株抗虫的保持系水稻进行杂交，产生一株无法正常结稻子的抗虫水稻；第二步，一株无法

穗 suì ear

根系 gēnxì root system

适应 shìyìng adapt

创造 chuàngzào create

雌蕊 círuǐ pistil

雄蕊 xióngruǐ stamen

交配 jiāopèi (of animals/plants) mate, copulate

柱头 zhùtóu stigma

发育 fāyù grow

正常结稻子的抗虫水稻和一株抗倒伏的恢复系水稻进行杂交，产生既抗虫又抗倒伏的水稻，这种水稻就是人们所需要的。

倒伏 dǎofú
lodge

　　杂交水稻的产生过程非常不容易，在日常生活中，我们要记得科研工作者们的辛苦付出，不浪费食物！

（改编自中央纪委国家监委网站2019年10月24日文章《第三代杂交水稻，不仅仅是高产》，作者郭兴）

■ 练习

1. 选词填空

雌雄同株　天然　公式　室温　原理

（1）杂交水稻自从研发以来，解决了无数人的吃饭问题，但是杂交水稻背后的生物学（　　　）是什么呢？

（2）水稻是一种（　　　）的植物：同一个植物的花上有雌蕊，也有雄蕊。

（3）按照最高产量创建产量（　　　），计算结果是平均亩产1004.83公斤。

（4）1961年开始开展杂交水稻的研究，袁隆平教授在早稻田里发现了第一株（　　　）的杂交水稻，其性状具有明显的优势。

（5）在（　　　）下，把一株抗虫的不育系水稻和一株抗虫的保持系水稻进行交配，产生一株无法正常结稻子的抗虫水稻。

2. 连词成句

（1）杂交水稻　无数人　吃饭问题　解决了　的

_____。

（2）挑选了　三片土地　收割　同时进行　专家

_____。

（3）想象　展开了　科学家们　于是

_____。

（4）规模　扩大了　很多　杂交水稻的　研发

_____。

（5）植物　一种　雌雄同株的　水稻　是

_____。

3. 选出对下列句子解释正确的选项

（1）每一株普通水稻长相都不一样，分别有杆长、杆短、穗大、粒粗这四种不同的性状，于是科学家展开了想象，希望一株水稻可以同时具有这些优良性状，也就产生了杂交水稻——一种穗大粒粗的水稻。（　　）

A. 每一株杂交水稻的性状都不一样

B. 普通水稻没有一个优良性状

C. 杂交水稻兼具各种优良性状

D. 普通水稻的性状都差不多

（2）由于根更加粗且长，能够适应更复杂的环境，杂交水稻在不同的地区都可以生长良好。（　　）

A. 杂交水稻的根没有普通水稻粗，也没有普通水稻长

B. 杂交水稻的稻子更加饱满，营养更加全面，更适合食用

C. 杂交水稻可以脱离土壤生长

D. 杂交水稻的稻子中脂肪含量过高，不适合人们食用

（3）1974年，杂交水稻的研发规模扩大了很多，袁隆平培养出了第一个可以应用于量产的品种——"南优2号"，由于该品种产量很高，国务院立即做出了试种、迅速扩大产量和推广杂交水稻的决定。（　　）

A. 从20世纪70年代开始，杂交水稻仍未研发成功

B. 第一个可以应用于量产的品种是"南优2号"

C. 袁隆平先生作出指示，要求推广杂交水稻

D. 杂交水稻的研发从20世纪70年代开始

4. 根据文章内容判断对错

（1）杂交水稻比普通水稻更能经受住干旱和高温。（　　）

（2）杂交水稻每一株大概可以结80粒稻子。（　　）

（3）杂交水稻的性状各异。（　　）

5. 根据文章内容，回答问题

（1）请同学们认真阅读文章并填写表格。

三系水稻	雄蕊是否正常发育	雌蕊是否正常发育
不育系水稻		
保持系水稻		
恢复系水稻		

（2）结合相关文献资料，查找还有哪些植物也是自花授粉。

（3）认真阅读杂交过程后思考：杂交过程的第一步是否多余？如果不是这样，请说出具体理由。

文章二（通读）

脱发与饮食的关系

在现代社会中，脱发并不是老年人的"专利"，越来越多的年轻人也都加入了脱发的队伍——早上起来枕头上好多头发，一洗头头发掉得更多。更无奈的是，即使他们用各种防脱洗发水，甚至还吃药，最后还是持续脱发。有人觉得脱发一定和遗传基因有关，但是很少想过脱发和饮食之间也有很大的关系。

很多受脱发困扰的年轻人可能都听说过"脂溢性脱发"，也叫"雄激素性脱发"。这类脱发与遗传基因和体内的雄激素水平升高有关系。雄激素脱发并不是男性独有，这种类型的脱发在男性和女性身上都会发生，只是男性数量更多。除了雄激素水平升高，遗传因素也是导致脂溢性脱发的原因。随着研究的深入，科学家发现，脂溢性脱发是雄激素和基因共同导致的结果，并不是简单的遗传问题。

科学家还发现，长期不健康的饮食必然会造成脱发。2000年，《柳叶刀》杂志发表的研究发现，男性脱发可能是由胰岛素抵抗引起的——胰岛素水平越高，脱发的速度越快。随后，又有研究发现，高胰岛素水平会增加5α还原酶，并抑制性激素结合球蛋白，从而引起脱发。不管是正常体重，还是非正常体重的男性，身体内部过高的胰岛素水平都有可能引起脱发。

如今脱发的人越来越多，并且趋向年轻化，这让很多人头疼。脱发与快且紧张的生活工作节奏、激烈的社会竞争带来的精神压力有关系，也与饮食习惯有关，其中吃饭时主食的分量不够是导致脱发的重要原因。中医认为，五谷可以补肾，肾气多，头发就多。老年人由于体内免疫力低，常出现脱发的现象，这是人们生、长、壮、老的客观规律。对于年轻人而言，脱发不仅影响整体形象，还可能是体内肾气少的一个信号。而这些问题已经被认为与主食吃得不够有密切关系：主食吃得不够，导致肾气少。健康的成年人每日所需的主食大概为400克左右，最少300克，在减肥期间也不能不吃主食。此外，适当吃一些能够帮助头发生长的食物，对防治脱发也有好处。以下几点建议供大家参考：

1. 从食物中补充铁

经常脱发的人体内缺少铁，铁质丰富的食物有动物内脏、瘦肉等。

2. 补充植物蛋白

头发发尾分叉，可以多吃大豆、玉米等。

3. 多吃新鲜蔬菜和水果

长期吃纯糖类和脂肪类食物可能会导致营养失衡、体力下降、精神不振，可多吃新鲜蔬菜和水果等来调节。

体力 tǐlì
physical power

4. 补充碘质

头发的光泽与甲状腺的作用有关，根据个人情况适当补碘可以促进甲状腺激素的分泌，对头发有好处。

甲状腺
jiǎzhuàngxiàn
thyroid gland

5. 补充维生素E

维生素E可促进细胞分裂和头发生长，维生素E含量高的食物可以适当食用，如菠菜、杏仁、猕猴桃等。

（改编自中国数字科技馆网站2021年7月26日文章《平均每6个人中就有1人脱发？肥胖可导致脱发又一石锤证据出现》，作者张人玲）

■ 练习

1. 根据文章内容，选择正确答案

（1）脂溢性脱发是（　　）和基因共同导致的结果，并不是简单的遗传问题。

A. 胰岛素　　　　　　　　B. 维生素

C. 雄激素　　　　　　　　D. 肾上腺素

（2）以下哪个措施不能预防脱发？（　　）

A. 多吃甜食　　　　　　　B. 多吃水果

C. 补充碘质　　　　　　　D. 补充植物蛋白

（3）补碘可以提高（　　）的分泌，对头发有好处。

A. 肾上腺素　　　　　　　B. 肠胃

C. 心脏　　　　　　　　　D. 甲状腺激素

2. 为文章的每一段选择合适的小标题

第一段（   ）   第二段（   ）   第三段（   ）   第四段（   ）

A. 脱发问题日益年轻化

B. 脂溢性脱发和饮食习惯有关

C. 雄激素、遗传因素以及胰岛素水平都可能导致脂溢性脱发

D. 合理饮食对于脱发具有缓解作用

3. **根据文章最后一部分提出的饮食建议，查阅相关资料，填写下列表格**

补充铁的食物		补充植物蛋白的食物	
动物内脏		谷类	
瘦肉		豆类	
蔬菜			
水果			

文章三（略读）

高糖食品的危害

"高糖食品又便宜又容易获得，从某种意义上说，它们的危害可能比毒品更大。"美国康涅狄格学院的专家最近发出这样的警告。为什么高糖食品这么危险？

原来，糖类会对大脑中的奖励系统产生强大的影响，大脑中奖赏系统的激活往往会刺激身体产生较为强烈的情感回报，提高大脑奖励区域的阈值，使我们觉得"还没吃够，得再吃些才算吃饱"。大脑内部的神经递质也在发生着类似毒品上瘾时的变化，如多巴胺受体减少、细胞外乙酰胆碱减少、阿片肽受体敏化等。如果把高糖食物从动物的膳食中去掉一段时间，动物就会表现出一系列的戒断症状，如身体抖动、摇头、攻击性提高、体温下降等。

碳水化合物食用量最高的女性得心脏病的可能性约是食用量最低女性的2倍，吃高碳水化合物食物有可能增加女性得冠心病的风险。研究显示，吃含有碳水化合物的食物会导致人的血糖和甘油三酯水平升高、高密度脂蛋白水平降低，增加得心脏病的风险。除碳水化合物外，研究人员在研究中还采用了衡量食物量对血糖影响的升糖指数和

阈值 yùzhí
threshold value

神经递质
shénjīng dìzhì
neurotransmitter

受体 shòutǐ
receptor

症状
zhèngzhuàng
symptom

冠心病
guānxīnbìng
coronary heart disease

脂蛋白 zhīdànbái
lipoprotein

升糖负荷两个指标。调查显示，吃水果、蔬菜、全麦等升糖指数较低的食物，血糖和甘油三酯水平的变化较小；吃白面包等升糖指数较高的食物，血糖和甘油三酯水平的变化较大。吃升糖负荷最高食物的女性罹患心脏病的可能性是吃升糖负荷最低食物女性的2.24倍。

因此，日常生活中我们应养成良好的习惯，少吃"游离糖"，小心"隐形糖"，减掉"添加糖"，科学控糖，避免"高糖"危害。从营养学的角度来看，糖类属于碳水化合物，谷类是糖类最主要的膳食来源，一些坚果也是糖类的良好来源，蔬菜、水果里也含有一些糖分；还有一大部分"糖"是"游离糖"，并不包括新鲜水果和蔬菜中的内源性糖。"游离糖"包括在食品中添加的单糖和双糖以及天然存在于果汁和浓缩果汁中的糖分。大家喝的含糖饮料中的糖、制作食物时加的糖等，都属于游离糖。

现在戒糖、抗糖逐渐流行起来，许多人甚至不吃米饭，不碰一点儿糖。专家指出，糖是人类最主要的能量来源，它对人的重要程度是其他营养物不能代替的，特别是大脑，几乎只能利用葡萄糖提供能量。"限糖"并不代表不吃糖，"减糖"不代表减主食，而是"会吃糖、管理好该吃多少糖"。世界卫生组织建议，成年人每天吃的添加糖的量不要超过50克，最好控制在25克以下。

（改编自陆军军医第二附属医院网站2019年5月6日文章《你还敢不克制地吃糖吗？》）

游离 yóulí free

内源性 nèiyuánxìng endogenous

主食 zhǔshí staple food

注释

1. 多巴胺（dopamine）：脑内的一种分泌物，和人的情欲、感觉有关，传递兴奋及开心的信息。
2. 乙酰胆碱（acetylcholine）：一种神经递质，用来传递神经冲动。
3. 阿片肽（opioid peptides）：免疫系统中重要的调节因子，几乎作用于所有的免疫活性细胞。
4. 甘油三酯（triglyceride）：又称中性脂肪，具有为细胞代谢提供能量的功能。
5. 高密度脂蛋白（high-density lipoprotein）：血清蛋白之一，是由脂质和蛋白质及其所携带的调节因子组成的复杂脂蛋白。

■ 练习

1. 根据文章内容判断正误

（1）碳水化合物食用量高的女性不容易得心脏病。　　　　　　　　　（　）

（2）大家喝的含糖饮料中的糖、制作食物时加的糖等属于内源性糖。　（　）

（3）"限糖"并不代表不吃糖，"减糖"不代表减主食。　　　　　　　（　）

（4）世界卫生组织建议，成年人每天吃的添加糖的量不要超过100克。（　）

2. 小组活动

情景讨论：小明从小喜欢吃甜食，每天都要吃巧克力、糖果、蛋糕这些甜食，父母无论怎么劝说都没有用。假如你是小明的好朋友，你会如何利用本课所学知识去劝说他呢？

四　听说训练

茶，作为一种流传千年的饮品，随着科技的进步，已经不再是简单地把叶片放进水中泡的"功夫茶"，而是通过先进技术进行精细加工制成的产品。"茶"成为一个拥有全新魅力的话题。从智能茶壶到智能茶杯，从茶叶储存技术到智能制茶系统，传统茶道不断进行着技术革新。

■ 练习

1. 请听文章第一部分，根据听到的内容选择正确答案　🎧 14-04

（1）茶作为中国的传统饮品，已经有数（　　）的历史。

　　A. 千年　　　　　　　　　　B. 百年

（2）传统的采茶方式是（　　）采摘。

　　A. 手工　　　　　　　　　　B. 人工

（3）只需要一名操作员就可以完成数十名工人的采茶（　　）。

　　A. 任务　　　　　　　　　　B. 事务

2. 请听文章第二部分，根据听到的内容判断正误　🎧 14-05

（1）机械的炒茶技术需要手工操作，费时费力，而且容易出现质量问题。（　）

（2）机械炒茶技术可以根据茶叶的不同品种和加工要求进行自动调节。　（　）

（3）茶叶经过采摘加工之后就可以品尝。　　　　　　　　　　　　　　（　）

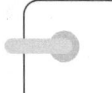

3.请听文章第三部分，根据听到的内容回答问题　🎧 14-06

（1）茶叶中的化合物有哪些功效？（写出两点即可）

（2）为什么茶的化学成分和口感密切相关？请举例说明。

五　能力拓展

■ 练习

1. 把下面这段话缩写到 100 字以内

　　1961年中国正式开始开展杂交水稻的研究，袁隆平教授在早稻田里发现了第一株天然的杂交水稻，其性状具有明显的优势；1973年，研究突破了杂交水稻的三系配套技术；1974年，杂交水稻的研发规模扩大了很多，袁隆平培养出了第一个可以用于量产的品种——"南优2号"，由于该品种产量很高，国务院立即做出了试种、迅速扩大产量和推广杂交水稻的决定；1996年，农业部启动"中国超级稻育种计划"，由袁隆平教授指导该项目，这个项目的研究一直持续到今天。如今很多人认为千万亩产的超级水稻已是最好的状态，其实并不是，项目一直在进行，相信会继续创造新的水稻亩产记录。

2. 表达

（1）请大家通过查阅图书和上网，了解并整理日常饮食的常见误区。

（2）课文提到了袁隆平先生及他所带领的团队，他们身上展现出的探索精神值得每个人学习。请同学们观看中国中央电视台纪录片《人物·故事》栏目中的《"共和国勋章"获得者·袁隆平》节目视频，了解袁老先生的事迹，并说出自己的感想。

六　词语进阶

收割	穗	根系	适应	创造	雌蕊	雄蕊
交配	柱头	发育	倒伏	队伍	困扰	雄激素
胰岛素	还原酶	球蛋白	肾	体力	甲状腺	阈值
神经递质	受体	症状	冠心病	脂蛋白	游离	内源性
主食	茶多酚	表儿茶素	氨基酸			

第十五章 化学元素知多少

一 话题热身

1. 你了解化学元素吗？
2. 请在你认识的化学元素后边画"√"

H（氢）	（　）	S（硫）	（　）
C（碳）	（　）	Ca（钙）	（　）
N（氮）	（　）	Cu（铜）	（　）
O（氧）	（　）	He（氦）	（　）
Na（钠）	（　）	Al（铝）	（　）

二 词语储备

1. 科技词语 15-01

有机物（名）	yǒujīwù	organic matter
无机物（名）	wújīwù	inorganic matter
燃烧值（名）	ránshāozhí	combustion value
污染物（名）	wūrǎnwù	pollutant
机能（名）	jīnéng	function
摄入（动）	shèrù	take in, absorb
提纯（动）	tíchún	purify
产物（名）	chǎnwù	outcome
合成（动）	héchéng	synthesize
溶解（动）	róngjiě	dissolve

2. 专有名词 15-02

开普勒（人名）	Kāipǔlè	Kepler
拉瓦锡（人名）	Lāwǎxī	Lavoisier
道尔顿（人名）	Dào'ěrdùn	Dalton

理工中文

汤姆逊（人名）	Tāngmǔxùn	Thomson
卢瑟福（人名）	Lúsèfú	Rutherford
詹姆斯·查德威克（人名）	Zhānmǔsī Chádéwēikè	James Chadwick
爱丁顿（人名）	Àidīngdùn	Eddington
汉斯·贝特（人名）	Hànsī Bèitè	Hans Bethe

■ 练习

1. 将词语与其拼音和释义连线

提纯	wūrǎnwù	由部分组成整体
摄入	héchéng	将混合物中的杂质分离出来以提高纯度
污染物	tíchún	对人类生存发展有害的物质
合成	shèrù	人体吸收的过程

2. 听录音，选择你听到的科技词语 🎧 15-03

（1）A. 提纯　　B. 改良　　C. 提取　　D. 溶解　　（　）
（2）A. 合成　　B. 提炼　　C. 机能　　D. 摄入　　（　）
（3）A. 污染物　B. 观测　　C. 氧化　　D. 制备　　（　）
（4）A. 无机物　B. 合成　　C. 有机物　D. 提炼　　（　）

三 阅读训练

文章一（精读）

世界是由什么组成的？

我们知道世界上物质的种类非常多，包含纯净物和混合物。其中纯净物又可分为单质（由一种元素组成的纯净物）以及包含有机物和无机物的化合物（由两种或者两种以上不同元素组成的纯净物）。它们的数量总和难以计算。那么这些物质是由什么东西组成的呢？

一、从元素到原子

尽管人类一直在接触大自然中的各种物质，但人类认识的第一种元素是铜，铜也是被人类利用的第一种金属。在铜之后第二种被认识的元素是金，此后便是铅、银和铁等等。铜、金、铅、铁、银都属于金属元素。人类祖先的眼睛对红色比较敏感，他们更容易发现绿色叶

- 170 -

子中的红色果实。同时，人们也直观地感受到黄色的金、紫红色的铜与周围那些普通颜色的石头相比应该是不同的物质，颜色成为人们发现并可以鉴别物质的依据。除此以外，人们还发现，这两种物质和木头、普通石头比起来有一个重要的区别：它们具有延展性，可以被制成不同的形状但不会坏掉。

延展性
yánzhǎnxìng
ductility

但一直到中世纪之前，人类仅认识12种元素，伽利略、开普勒和牛顿推动科学进步后，物理和化学都得到了发展，人类认识的元素也越来越多。

到了1789年，法国的化学家发现燃烧其实是一个氧化化合过程，因此提出了化合之前的"单体元素"一说。到拉瓦锡时代，人类完成了从单体到化合物元素的了解过程。

1803年英国科学家提出现代原子论，站在了研究前沿。科学家认为物质世界是由原子组成的，不同的单质由不同质量的原子构成，不过当时人们的认识还不够深入，例如道尔顿认为，原子只是一个坚固的实心小球。

二、从质子到中子

1897年汤姆逊发现了电子。到了1909年，卢瑟福通过α粒子散射发现了原子核。1917年卢瑟福用α粒子撞击氮原子核，发现可以提取氢原子核。卢瑟福因此推断，氢原子核是氮原子核和所有更重的原子核的基础材料，这是质子最早的发现过程。

1932年，英国物理学家詹姆斯·查德威克在剑桥大学进行实验时发现了中子。

其实1920年时英国物理学家爱丁顿就提出太阳上巨大的能量可能是由质子的核聚变产生的，但此理论一直到十几年后才被美国科学家汉斯·贝特证实。此理论为探索各种元素是怎么诞生的做出了贡献。

证实 zhèngshí
confirm, prove

三、电子、质子、中子、原子和元素之间的关系

所有物质都由原子构成，有多少种元素就一定有多少种原子，原子是参加化学反应的最小单位，无论化合物如何化合，原子的特性都不会变，最多形成离子化合物、共价化合物等。在元素周期表中，现有118种元素，其中有92种元素是天然的元素，也就是非人工合成的元素，其余26种元素则是人工合成的元素。

原子是由原子核和围绕原子核的核外电子组成的。原子核由带正电的质子和不带电的中子组成。所有的物质都是由质子、中子、电子构成的，不同的是，质子数量不一样就构成了不同元素组成的物质。比如一个质子的是氢，两个质子的是氦，三个质子的是锂，四个质子的是铍，质子数量的不同直接决定了元素的特性，当然，中子在这些元素中并不改变它们的化学特性，但可以塑造元素的物理特性。

塑造 sùzào shape

什么样的过程才会让元素发生变化呢？

当然只有恒星内部的高温才可以，它们可以让质子聚变成各种元素，如果恒星足够大，它可以聚变生成铁，然后在超新星爆炸中生成更重的元素，然后这些元素在宇宙中逐渐形成新的恒星和行星，这就是地球形成的原理。

超新星 chāoxīnxīng supernova

最后，必须介绍一下氢来自哪里。

根据天文学家的观测以及推断，宇宙起源于一次大约发生在138亿年前的大爆炸。早期宇宙只诞生了氢元素以及少量氦（He）元素还有微量锂（Li）元素，此后宇宙中所有元素都是在恒星的不同演化阶段产生的。

所以，所有的物质最终都是由质子、中子、电子组成的，当然如果是反物质的话，那么质子、中子、电子也可能是反的。以氢元素为例，正氢由一个带负电的电子和一个带正电的质子组成，而由一个带正电的电子和一个带负电的质子组成的元素就是反氢。

反物质 fǎnwùzhì antimatter

（改编自科普中国网2020年8月11日文章《世界由元素组成的，划分到最小结构，难道都是同一种物质？》，作者星辰大海路上的种花家）

■ 练习

1. 选词填空

延展性　证实　反物质　推断　塑造

（1）如果是（　　）的话，那么质子、中子、电子也可能是反的。
（2）颜色成为人们（　　）不同物质的依据之一。
（3）中子可以（　　）元素的物理特性。
（4）金属具有（　　）。
（5）这个伟大的理论直到19世纪才被汉斯·贝特（　　）。

2. 词语连线

物理　　　前沿

研究　　　特性

基础　　　元素

撞击　　　原子核

3. 连词成句

（1）化合　是　氧化　一个　过程　燃烧

_____。

（2）组成　是　核外电子　和　原子核　原子的

_____。

（3）中子　元素的　物理特性　塑造　可以

_____。

4. 根据文章内容判断正误

（1）中世纪之前，人类认识了 21 种元素。（　　）

（2）1932 年，英国物理学家詹姆斯·查德威克在剑桥大学进行实验时发现了中子。（　　）

（3）无论化合物如何化合，原子的特性都不会变，最多就是形成离子化合物、共价化合物等物质。（　　）

（4）组成原子的是原子核，而原子核则由质子和中子组成。（　　）

（5）原子是化学反应中最小的单位。（　　）

5. 根据文章内容选择正确答案

（1）人类认识的第二种元素是（　　）。

A. 铜　　　　B. 铅　　　　C. 金　　　　D. 银

（2）1909 年卢瑟福通过 α 粒子散射而发现了（　　）。

A. 原子核　　B. 电子　　　C. 中子　　　D. 质子

（3）自然界长期存在的元素大概有（　　）种。

A. 92　　　　B. 90　　　　C. 89　　　　D. 118

（4）（　　）是化学反应中最小的单位。

A. 质子　　　B. 中子　　　C. 原子　　　D. 电子

（5）（　　）数量的不一样就决定了元素种类的差异。

A. 质子　　　B. 中子　　　C. 原子　　　D. 电子

文章二（通读）

氢气是未来理想的能源

氢，元素周期表里的1号元素，它包含的质子数最少，只有一个。氢原子也是所有原子中体积最小、质量最轻的一个。

氢气是未来的理想能源。

氢气的燃烧值很高。我们可以来看一看分别燃烧相同质量的天然气、汽油和氢气释放出来的热量：如果在相同的条件下，燃烧1g天然气，根据测定，大约会释放出55.81KJ的热量；燃烧1g汽油，会释放出约48.4KJ的热量；而燃烧1g氢气，会释放出约142.9KJ的热量。燃烧相同质量的氢气释放出的热量是燃烧天然气的2.56倍，是燃烧普通汽油的2.95倍。据此可以看出，氢气确实具备理想燃料的基本性能——燃烧值高。

氢气还非常环保，燃烧后只会生成水，不会产生污染物，非常有利于环境保护。2022年北京冬季奥运会就将氢气作为火炬燃料，既做到了低碳环保，又可以保证火炬能在极其寒冷的天气中使用。

氢气的来源也很广泛，只要有水，就能通过电解产生氢气了。理论上，如果水电解产生氢气，氢气燃烧又能生成水，水再进行电解，又能产生氢气，形成水和氢气间的循环，那就能很好地解决地球上的能源问题了。

可是，这么好的氢气，怎么还没有成为我们日常使用的燃料呢？

如果真能像前面表述的一样，氢气和水的转换形成循环，那就太完美了，但是，现实总是跟理想有一定的距离。

首先，氢气的制备就不简单，虽然看起来只是在两种物质间的转换，但是氢气燃烧生成水，会比由水产生氢气容易太多。一个氢气球，稍微遇到明火就会爆炸，但让水产生氢气，就要慢很多。其次，从水变为氢气的成本如果高于氢气燃烧的收益，那么谁愿意做将水变成氢气的事情呢？所以，人们首先要想办法降低生产氢气的成本，找到让水分解为氢气的合适途径，或者更有效的催化剂。

氢气还是容易燃烧和爆炸的气体，稍微遇到明火就会爆炸，氢气的运输、储存、使用都需要有专门的设备，要十分小心。目前中国对氢气球的施放有明确的规定，禁止升空气球使用氢气。

如果仅仅将氢气用于燃料，似乎还不能发挥氢的作用，人们还在探索研究氢氧燃料电池，看能不能将氢气和氧气发生反应时产生的能量直接转化为电能。

现在氢气的应用还只停留在实验阶段，但在未来，氢一定能真正在日常生活中发挥出它的作用！

（改编自科普中国网 2020 年 11 月 25 日文章《氢气是未来理想的能源》）

◎ 注释

元素周期表（periodic table of the elements）：是根据原子量从小到大排序的化学元素列表。列表大体呈长方形，某些元素周期中留有空格，使特性相近的元素归在同一族中，元素周期表中元素分区分为 7 个主族、7 个副族、第Ⅷ族、第 0 族。

■ 练习

1. 根据文章内容填空

（1）氢气的性质是一种_____的气体。

（2）2022 年北京冬季奥运会就将_____作为火炬燃料，既做到了低碳环保，又可以保证火炬能在极其寒冷的天气中使用。

（3）一个氢气球，稍微遇到_____就会爆炸，但让水产生氢气，就要慢很多。

（4）人们不愿意做将水变成氢气的事情，主要原因是：_____。

2. 为下列句子选择一个合适的解释

（1）燃烧相同质量的氢气释放出的热量是燃烧天然气的 2.56 倍，是燃烧普通汽油的 2.95 倍。（　　）

（2）氢气燃烧后只会生成水，不会产生污染物。（　　）

（3）只要有水，就能通过电解产生氢气，水能电解氢气，氢气再燃烧生成水，形成循环。（　　）

A. 氢气非常环保　　　　　B. 氢气来源比较广泛

C. 氢气燃烧值比较高　　　D. 氢气制备很简单

3. 根据文章内容回答问题

（1）为什么说氢气是未来的理想能源？

（2）为什么目前氢气没有成为日常使用的燃料？

文章三（略读）

人体中的化学元素

在目前已知的115种化学元素中，有90多种天然元素。这90多种天然元素中已经有81种在人体中被发现。现在，科学家已经确定有27种元素是人的生命活动中不能缺少的，包括11种常量元素和16种微量元素，它们对人体健康很重要。

标准的健康成年人身体内的元素组成为：氧65%、碳18%、氢10%、氮3%、钙1.5%、磷1%、钾0.35%、硫0.25%、钠0.15%、氯0.15%、镁0.05%等，其中含量大于0.01%的元素称为人体常量元素。这些常量元素约占人体体重的99.9%。

元素含量低于0.01%，且是生物体必需的一些元素，称作微量元素。微量元素的重要性主要体现在维持正常人体机能、维持人的心理健康和预防疾病几方面。微量元素虽然在身体里的含量不多，但是和人的生存与健康关系密切。如果微量元素摄入过量、不平衡或缺乏都会不同程度地引起人体生理的异常或引发疾病，甚至影响人的生命。目前，比较明确的是约30%的疾病直接是由微量元素缺乏或不平衡导致的。

少年儿童、孕妇、哺乳期妇女以及免疫力低下的中老年人是最容易缺乏微量元素的人群。少年儿童因为生长和发育迅速，能量消耗比较大，如果能量和营养补充不足，饮食结构不合理，或是生病，都容易导致人体缺乏锌（Zn）、碘（I）、钙（Ca）、铁（Fe）等元素。老年人因为肠胃吸收功能下降，并且容易有慢性消耗性疾病等原因，易缺乏锌、硒（Se）等。

那我们怎么补充微量元素，才能使自己的身体更健康呢？答案很简单，我们可以通过食物补充人体所需要的各种元素。由于不同食物中含有的元素种类和数量不完全相同，所以在平时的饮食中，我们要注意食物搭配，只吃自己喜欢的食物是不可取的，饮食均衡就能基本满足人体对各种元素的需要。例如，如果缺铁，建议多吃蘑菇、芝麻等食物；如果缺锌，可以多吃鱼、牛肉、鸡蛋等食物；如果缺镁，可以多吃绿叶菜；如果缺碘，可以多吃海带、紫菜等食物。补充微量元

生物体 shēngwùtǐ organism

过量 guòliàng excessive

缺乏 quēfá be short of, lack

哺乳期 bǔrǔqī lactation period

消耗性 xiāohàoxìng wasting

蘑菇 mógu mushroom

芝麻 zhīma sesame

海带 hǎidài kelp
紫菜 zǐcài laver

素的更多信息在此不再详细列举，大家可以参看相关网站提供的具体清单。

身体里的这些化学元素和人体健康有密切的关系，这些元素不断输入，不断在体内进行一系列化学反应，然后排出人体，使它们的含量在身体里保持一个相对稳定的状态，含量过多或过少对身体都不好。以氟（F）为例，氟是身体必需的一种微量元素，是生物体骨骼和牙齿生长发育必需的元素。人体中氟的含量大约为2.7克，其中90%存在于牙齿、骨骼中，其余分布在软组织中。氟的含量过多或过少，都会使钙和磷（P）的代谢异常。此外，如果氟的含量过少，还有可能会引发其他疾病。

骨骼 gǔgé skeleton

软组织 ruǎnzǔzhī soft tissue

所以，在生活中，我们应该关注更多的信息，有意识地摄入多种有益的微量元素，保持身体里的元素平衡，从而保持身体健康。

（改编自科普中国网2019年5月28日文章《人体中的化学元素，你了解吗？》，作者朱寅莹）

■ 练习

1. 根据文章内容填写下列表格

元素	在人体中的含量
氧	
	3%
氢	
	0.15%
碳	

2. 小组讨论

（1）请上网查找资料，还有哪些微量元素是人体所必需的呢？通过食用哪些食物可以补充这些微量元素？

（2）经医生诊断，小明身体缺乏铁元素，你会建议他在日常饮食中如何通过食物进行补充？

四 听说训练

大家夏天比较讨厌什么？可能是蚊子。蚊子不仅招人烦，还可能带来疾病——疟疾。过去，在疟疾肆虐的地区每年死于疟疾的人数大概有80万人。现在，中国科学家屠呦呦从青蒿中提取青蒿素，制造出对抗疟疾的药物，拯救了数百万的疟疾患者。

■ 练习

1.请听文章第一部分，按照事情的发生顺序，将下列内容排序 🎧 15-04

①屠呦呦阅读、整理相关中国古代著作，访问中医，进行实验

②屠呦呦改进了原来的方法，重新设定了研究方向

③屠呦呦继续阅读中国古代著作，最终从东晋葛洪的《肘后备急方》中得到启发

④屠呦呦和她的团队成功提取有效治疗疟疾的化合物，并把它叫作"青蒿素"

正确的顺序是：_____。

2.请听文章第二部分，根据文章内容选词填空 🎧 15-05

青蒿素是一种分子式为 $C_{15}H_{22}O_5$ 的无色_____体，也是一种熔点为156~157℃的活性_____，一个青蒿素分子是由15个碳原子、22个氢原子和5个氧原子_____的，它含有过氧链和脂基、醚键等官能团，其化学_____不稳定，遇见光或者受到高温的影响时容易_____。

（1）A.结晶　　　　B.产物　　　　C.沸点　　　　D.熔点
（2）A.分子　　　　B.成分　　　　C.原子　　　　D.高温
（3）A.提取　　　　B.生成　　　　C.构成　　　　D.分解
（4）A.结构　　　　B.性质　　　　C.无机物　　　D.有机物
（5）A.提取　　　　B.提炼　　　　C.分解　　　　D.溶解

3.请再听一遍文章，口头回答问题并在小组内交流 🎧 15-06

请你说一说青蒿素和双氢青蒿素在化学性质上的差异。

五 能力拓展

■ 练习

1.把下面两段话分别缩写到100字以内

（1）所有物质都由原子构成，有多少种元素就一定有多少种原子，它是化学反

应中最小的单位，无论化合物如何化合，原子的特性都不会变，最多形成离子化合物、共价化合物等。在元素周期表中，现有118种元素，其中有92种元素是天然的元素，也就是非人工合成的元素，其余26种元素则是人工合成的元素。组成原子的是原子核和电子，而原子核是由质子和中子组成的，所有的物质都是由质子、中子、电子构成的，不同的是，质子数量不一样就构成了不同元素组成的物质。比如一个质子的是氢，两个质子的是氦，三个质子的是锂，四个质子的是铍，质子数量的不同直接决定了元素的特性，当然，中子在这些元素中并不改变它们的化学特性，但可以塑造元素的物理特性。

（2）氢气的燃烧值很高。燃烧相同质量的氢气释放出的热量是燃烧天然气的2.56倍，是燃烧普通汽油的2.95倍。据此可以看出，氢气确实具备理想燃料的基本性能——燃烧值高；氢气还非常环保，燃烧后只会生成水，不会产生污染物，非常有利于环境保护。2022年北京冬季奥运会就将氢气作为火炬燃料，既做到了低碳环保，又可以保证火炬能在极其寒冷的天气中使用；氢气的来源也很广泛，只要有水，就能通过电解产生氢气了。理论上，如果水电解产生氢气，氢气燃烧又能生成水，水再进行电解，又能产生氢气，形成水和氢气间的循环，那就能很好地解决地球上的能源问题了。

2. 表达

你还知道哪些清洁能源？请选择其中一种进行详细介绍。

六 词语进阶

延展性	证实	塑造	超新星	反物质	推断	汽油
低碳	电解	明火	催化剂	生物体	过量	缺乏
哺乳期	消耗性	蘑菇	芝麻	海带	紫菜	骨骼
软组织						

听力文本

第一章　北京冬奥会中的几何美学

二、词语储备

练习 2.（1）四边形的长就是圆周（$C=2\pi r$）长的一半。

（2）圆周率的上限小于 4。

（3）当多边形的边数越多时，其形状、周长、面积就都越接近于圆。

（4）π 值的小数点之后有无限多个小数。

四、听说训练

"环环相扣"的冰五环

在北京 2022 年冬奥会开幕式上，冰蓝色的水墨慢慢凝结成冰，冰立方从舞台升起，被激光雕刻成奥运五环，这一精彩的场面，让人印象深刻。

（第一部分）

冰五环由圆环组成，圆是一种非常美的几何图形。古希腊哲学家毕达哥拉斯说："一切平面图形中，最美的图形是圆，一切立体图形中，最美的图形是球体，圆和球体都是完美的图形。"世界上有很多著名的圆形建筑、圆形标志设计。例如，北京的天坛，这座古代建筑最基本的设计元素就是最简单的几何图形——圆形。

此外，关于圆，有很多定理，比如：同一个圆内，圆的直径、半径的长度永远相同；圆有无数条半径和无数条直径；圆是轴对称和中心对称图形，对称轴是直径所在的直线。同时，圆也可以被视为一个"正无限多边形"，尽管"无限"只是一个概念。原则上，圆可以看成由无数个点组成的正多边形，当多边形的边数越多时，它的形状、周长、面积就都越接近于圆。

（第二部分）

圆之所以成为如此受欢迎的几何图形，除了具有"圆满、对称"的特点外，还因为圆具有引申义或者说哲学意义。如图 1.1（a）所示，直线上有 A、B、C 三点，其中 B 点在 A、C 两点之间，或者说 B 点在 A、C 两点之内。但是如图 1.1（b），把 A、B、C 三点放在圆上，那么 B 点在 A、C 两点之间，也可以说 A 点在 B、C 两点之间，或者说 C 点在 A、B 两点之间，在圆上分不出内外，没有方向性。这说明圆和直线不一样，圆上的点没有内外之分，每一点既是内部，也是外部，同时圆周上的每一点具有平等性，和圆心距离相等，每一点既是起点又是终点，你中有我，我中有你。所以，奥林匹克标志的设计者皮埃尔·德·顾拜旦选取五个彼此相连的圆环，以此代表五大洲的团结，体现了所有国家、所有民族是一个"奥林匹克大家庭"的主题。

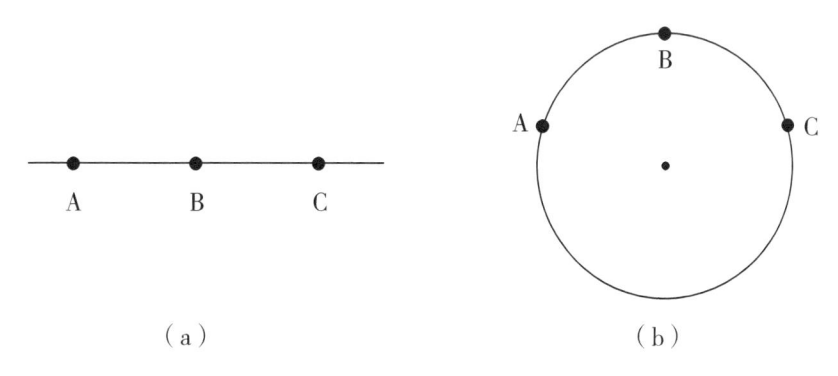

（a）　　　　　　　　　　（b）

图1.1　直线和直线上的点、圆和圆上的点

第二章　极限的奥妙

二、词语储备

练习2.（1）函数是用来描述变量之间的关系的概念。

（2）山坡的高度y，随着行进者离出发点水平距离x的变化而变化，也就是说，y是x的函数。

（3）在数学上，极限有它独特的含义，表示的是无限趋近某个固定数值。

（4）查理·佩斯金用微分方程来描述心跳。

四、听说训练

谁发明了微积分？

（第一部分）

牛顿是著名的科学家，大多数人都知道牛顿在物理学方面很厉害，其实，牛顿除了在物理学上有很高的成就之外，还发明了微积分。牛顿对物理和数学两个方面的贡献是互相联系的，可以说牛顿发明微积分就是为了能够更好地总结物体的力学运动规律。同时和牛顿共享微积分发明权的还有德国数学家莱布尼茨。

许多科学发现都是在前人研究的基础上得出的，同时也包含了很多偶然性因素，牛顿也是在前人研究的基础上发明了微积分。

1665年到1666年期间，牛顿回到老家住了18个月。这短短的一年多时间里，牛顿在科学上取得了很多成果：创立了流数术（微积分）并形成了万有引力定律的基本思想，所以这一年也被后人称为牛顿的"奇迹年"。

从剑桥回家乡之前,牛顿就在思考二项式展开的问题,并由此对"无穷"的概念有所突破。他有一次在他的《杂录》笔记本上画了一条双曲线,并写下了相应的公式计算曲线下的面积。要得到相应的公式就要用到二项式的分数幂展开。牛顿当时已经把它看成是一个无穷多项之和,但他认为,一个无穷序列并不等于要做无穷多的计算,可见当时的牛顿已经有了"极限"和"收敛"的概念。

(第二部分)

有了无穷多项求和的概念之后,牛顿又进一步思考无限细分下去而得到的无穷小量问题。他将这种无穷小量称为"极微量",即现代意义上的微分。再进一步,牛顿又将几何学中求切线、曲率这类问题与物理中运动学的问题结合起来。在牛顿的笔记中,他将求解这一类无穷小问题的种种方法称为"流数法",包括正流数术(被称为微分)和反流数术(被称为积分)。1665年5月20日,牛顿第一次在他的手稿上描述了他的"流数术",也就是现代微积分的思想,后来,人们就将这一天作为微积分的诞生日。

(第三部分)

当时的牛顿只不过是一个二十出头的年轻人,一定还没有意识到自己的这个发现对科学的重大意义,即使到了后来的1669~1676年,牛顿写下"流数术"的三篇重要的论文时,也并没有将文章公开发表,只是给一些朋友和英国科学家们阅读过。德国数学家莱布尼茨在对几何的研究中,也开始独立创建微积分。他分别于1684年和1686年发表了微分和积分的论文。如果按照笔记本上的记录的话,莱布尼茨是在1675年底建立了微积分学,比牛顿最早的笔记记录晚了近10年,但莱布尼茨却早牛顿3年就将他的研究成果在期刊上公开发表了。在1711年左右,两人开始了微积分的发明权之争。

不过后来,人们发现莱布尼茨和牛顿使用的方法和途径均不一样,对微积分学的贡献也不同。牛顿是以运动学为背景,提出了微积分的基本问题,发展完善了"变量"的概念,为微积分在多学科中的广泛应用奠定了基础。莱布尼茨则从几何出发,发明了一套使用至今的微积分符号体系。因此,如今学术界将微积分的发明权判定为他们两人共同享有。

第三章　数列与级数

二、词语储备

练习2. (1) 大自然中很多现象都遵循斐波那契数列的规律。

(2) 数列就是一组有序排列的数字,它们不仅在大自然中广泛存在,而且可以应用到人们的生活中。

(3) 我们在求解概率问题时,利用等比数列和无穷级数也是一种巧妙的方法。

四、听说训练

无穷级数

数列是一组有序的数，它可能有有限的项，也可能有无穷项，其中有无穷项的数列叫作无穷数列。斐波那契数列就可以是一组无穷数列。

（第一部分）

著名的科学家冯·诺依曼有一天和朋友等车的时候，朋友向他提出了这样一个问题："两列火车A、B，距离100千米，面对面出发，速度都为每小时50千米，一只飞行速度为每小时100千米的小鸟从火车A飞向火车B，当小鸟与B火车相遇后，小鸟立即返回，遇到A火车时再返回，如此下去，当两列火车相遇时，小鸟共飞了多少千米？"冯·诺依曼马上说出了答案100千米。这时他的朋友提问："你是不是知道简单的求解方法，我以为你要用无穷级数求和的方法求解呢！"冯·诺依曼好奇地说："我就是用无穷级数求和的方法求解的！还有简单的方法？"这令他的朋友感到吃惊，冯·诺依曼的计算能力太强了！冯·诺依曼说："通过分析，我发现每次小鸟返回时，都只飞了其上一次飞行距离的1/3，因此再使用无穷级数求和的方法就可以计算出小鸟在两车相遇时共飞行了100千米。"

我们已经学过把有限的数列各项加起来并计算结果，即数列的求和。但是可以看到，上面的式子其实是无限长的，即求级数就是在求无穷数列各项的和。

但有的数列之和是无穷大的，有的数列之和会趋近于一个数。这是求级数的时候会遇到的两种不同的情况，它们分别是级数的发散和收敛性质。

（第二部分）

例如，我们可以用分苹果来理解无穷级数的收敛。有A、B、C三个人分一个苹果，先把苹果分成4份，每人取1份，也就是分到1/4个苹果，然后将剩下的1份再分成4份，每人取1份，得到1/16个苹果，然后继续将剩下的1份再分成4份，每人取1份，得到1/64个苹果……如果这样的操作一直继续下去，那么，第n次每人分到$(1/4)^n$个苹果。求此无穷级数时发现，这些数字加起来等于一个数，即1/3。我们把这样的级数叫作收敛级数。

如果求无穷级数时，它的和并不能求出来，而是趋于无穷大的，我们把这样的级数叫作发散级数。在一个收敛的无穷级数中，所有数必须趋于0。但是，这句话反过来却不成立。即使各项都趋近于0，级数本身仍然可能是发散的。

第四章　密码与矩阵

二、词语储备

练习2.（1）26除以7，商是3，余数是5。

（2）时针逆时针旋转120度后，与分针重合。

（3）明文信息被加密后，就变成了一串无意义的字母。

四、听说训练

你的银行卡密码安全吗？

（第一部分）

银行卡密码对于我们每个人来说都是一串极为重要而私密的数字，这串数字保护的不仅仅是储存在银行账户里静待升值的钱款，也可能是莘莘学子的求学经费，新婚夫妇的房、车月供，退休老人的生活保障。当这串数字被赋予了如此重大的使命时，它不得不足够安全。

你还记得你是在什么时候得到人生中第一个银行账户的吗？当时长辈一定提醒过你，不要把银行卡密码设置得太简单，不然被人破解以后，你的"小金库"可就进了别人的腰包了。那么，哪些数字不建议被设置成银行卡密码呢？比如：相同的数字、连续的数字、自己的手机号、身份证号、出生日期、车牌号、社交账号等等。如果用这些号码作为银行卡密码，虽然容易记忆，但更容易被破解。所以，在银行卡密码的设置上，我们必须花点心思，争取做到既容易记忆，又不容易被破解。

（第二部分）

第一个思路，提高熟悉号码的无序性。比如，你的出生日期是1986年10月12日，原本这串数字是19861012，为了提高它的无序性，你可以将这串数字倒序排列作为你的银行卡密码，即21016891；如果你还是不放心，也可以按照从两边到中间的顺序重新排列这串数字，如12918061。总之，尝试着将你熟悉的号码重新排列，可以大大提高密码的安全性。

第二个思路，减少陌生号码的记忆量。还是以设置一个八位数的密码为例，我们可以利用斐波那契数列（注：在斐波那契数列中，任意相邻的三个数，都满足第三个数是前两个数的和，如：1、1、2、3、5、8、13、21、34、55……）来设置。首先选定前两个数，比如1、9，那么后面的数利用斐波那契数列，根本不需要记忆，就能很快列出，10、19、29……，这样五个数就可以组成一个八位数的密码，即19101929，对于这串数字，你只需要记住前两位数就可以了。如果你连前两位数都懒得记，那么还有一招，就是用银行卡号码的前两位或后两位作为斐波那契数列的前两项，这样不仅能最大程度减少密码的记忆量，而且可以实现不同银行卡拥有不同的密码，最重要的是这样设置出来的密码很难被破解。

以上两种设置密码的思路你理解了吗？如果已经完全理解了，那么请反思一下你自己银行卡密码的设置方式是否足够安全，如果觉得不够安全，记得及时修改。最后，为了尽量避免不必要的财产损失，再给你几个温馨提示。第一，多个账户尽量不要使用同一个密码；第二，在输入密码前先观察周围环境是否安全；第三，不要轻易将密码泄露给他人。

第五章　概率统计

二、词语储备

练习 2.（1）教师应采用科学的评价指标来衡量学生的学习成果。

（2）投资股票存在一定的亏损风险。

（3）市面上有许多用来学习汉语的软件供学生们选择。

四、听说训练

统计学在日常生活中的应用

（第一部分）

统计学是一门关注数据的学科，它通过探索现实背后的数量变化规律，构建模型，预测发展，进而指导现实工作。由于统计学自身具备较强的应用性，所以它与我们的日常生活有着紧密的联系，只要我们留心观察，就能发现身边有许多与统计学知识相关的例子。比如，在社会经济发展层面，政府可以利用统计学理论做出较为科学合理的决策；在个人认知与决策层面，利用统计学理论可以增强人们对事物的认知与理解。下面我们就一起通过两个示例来体会一下统计学在生活中的应用。

（第二部分）

示例一：统计学在保险行业的应用

比如，某保险公司出售的一种人身意外险单价为100元，有2万人购买该保险，则有200万资金流入保险公司。如果有投保人发生意外，那么保险公司最多会赔付20万元。此时我们可能有个疑问，如果有10个人发生意外，那保险公司不就没有盈利了？如果发生意外的人数更多，保险公司岂不是会有很严重的亏损？其实我们不必担心，因为经过大量的统计分析，我们发现，个体意外身亡的概率仅有万分之一左右，假设2万人中有2人发生意外，保险公司要赔付40万元，最后保险公司盈利160万元。

（第三部分）

示例二：统计学在证券投资中的应用

在进行个人理财时，我们可能会用手头暂时不用的钱进行投资来获得更多的收益。这时就会面临投资决策的问题，同样也涉及统计学方面的知识。比如，某人现在有10万元的闲置资金，需要进行为期一年的投资决策，有两种投资方案可供选择，一种是存入银行，另一种是进行股票投资。相对于股票投资而言，银行的年利率较低，但能保证获得一定的利息；而股票投资虽然收益率可能较高，但是存在一定的亏损风险。所以在做决策时，要明确自己的投资需求，并提前多了解一些银行的存储利率和各种股票的往期收益情况，尽量让自己的投资发挥出最大的效益。

总而言之，统计学的应用涉及生活的方方面面，我们每个人都可以通过细心观察、深入思考，将基本的统计学思维和统计方式应用于生活，让统计学知识更好地服务我们。虽然它不能直接给我们正确答案或者最优选择，但是它能够为我们指出方向。

第六章　汉字编码与输入法

二、词语储备

练习2.（1）计算机键盘不可能为每一个汉字造一个按键进行输入。

（2）在输入汉字的过程中常常要翻很多页才能找到需要的汉字，输入效率非常低。

（3）部件是由笔画构成的具有组配汉字功能的构字单位。

（4）各种输入法只能给用户提供一个压缩得很厉害的语言模型。

（5）后来被微软收购，内置到Windows操作系统中。

四、听说训练

输入汉字到底能有多快

（第一部分）

输入汉字到底能有多快？人工智能领域专家吴军提出，理想情况下，输入一个汉字只要敲1.3次按键。如果一种输入法能做到这一点，那么汉字的输入已经比英文快得多了。

输入法输入汉字的速度是由汉字编码的平均长度和选中按键所需时间决定的。如何设计输入法的编码才能使得输入汉字的平均敲键盘的次数接近理论上的最小值，同时寻找一个键的时间不会太长？可以用信息论来解释。

香农第一定律指出：编码长度≥信息熵/码元的信息量。

GB2312简体中文字符集有6700多个常用汉字，如果每个字等概率出现，那么每个汉字的信息熵大约是13比特。不同的汉字在使用中有不同的概率，汉字的数量又太庞大，很多字在生活中不太常用。如果我们对出现概率比较大的字尽可能采用短编码表示，对出现概率比较小的字采用长编码表示，即可提高编码效率。

（第二部分）

计算语言学家冯志伟在汉字字种数为12370的范围内，计算出汉字的熵为9.65比特。假定拼音输入法只采用26个字母输入，那么每个字母（码元）的信息量是$\log_2 26 \approx 4.7$。这时候最小编码长度为9.65/4.7=2.05。也就是说输入一个汉字最少需要敲2.05次按键。

哈尔滨工业大学王晓龙教授等直接用概率论的方法，在180万字的样本数据内，计算了N元字词编码的最短码长。当N等于26时，字输入最短码长为2.08，词输入最短码长为1.73。词输入时，最短码长小，是因为以词为单位进行统计，汉字的信息熵降到了大约8比特。这就是现在所有输入法都是基于词输入的根本原因。

如果再考虑上下文相关性，每个汉字的信息熵还能降到6比特以下，输入每个汉字需要敲击的按键次数会更少（6/4.7≈1.3）。利用上下文最好的办法是借助语言模型。假定有大小不受限制的语言模型，是可以达到信息论给出的极限输入速度的。

（第三部分）

现在，绝大多数用户选择了拼音输入法。这是因为用户都熟悉汉语拼音，不需要另外学习，找到按键的时间就很快。根据拼音输入法的原理，按照声母和韵母的组合，不考虑声调和其他因素，每个汉字的全拼长度平均为4个字母。利用上下文，借助语言模型，全拼输入法的平均击键次数能够做到3次以下。

第七章　移动支付

二、词语储备

练习2.（1）各种移动支付手段已经覆盖购物、消费、缴费、信用卡服务、餐饮、出行等多个生活场景，能够满足大部分人个性化的需求。

（2）现金，也就是人民币，不需要绑定银行账户，但是可以从银行账户里取出现金。

（3）在互联网数字转型的背景下，数字经济快速发展，大家对非接触式支付的需求变多，数字人民币给我们提供了一个很大的空间。

（4）在国家和国家之间的贸易结算领域，数字人民币也为推进人民币的国际化，为未来国际货币支付体系升级做着准备。

（5）顺应网络化、数字化、智能化的趋势，不仅能用电商直播带货的方式激活消费，还能带动经济转型升级。

四、听说训练

移动支付普惠　助力乡村振兴

（第一部分）

移动支付操作系统方便快捷，促进了农村地区的发展，是落实乡村振兴战略的重要措施。移动支付服务乡村振兴，推动农村经济实现"互联网+"转型。新农场等新型经营主体成为农业发展的新增力量，传统农民逐渐转变为新时代农村网民。

移动支付带动电商发展，两者相互作用，推动乡村振兴的发展。随着线上购物的发展，越来越多消费者通过观看网络直播的方式购物。这种新方式，可以把当地特色的农副产品介绍给消费者，让高质量的产品直接面向全国乃至全球市场，从而增加农民收入，推动共同富裕。

（第二部分）

移动支付帮助改善农村经济发展不平衡的状况。移动支付凭借移动互联网技术的广泛覆盖、操作便捷、服务高效、价值高等优点，贯穿到农业生产各个环节，推动实现降低成本、增加农民收入等目的，扩大农村产品品牌的影响力，形成品牌标识。

移动支付帮助缩小地区分布差距。它是一项民生工程、民心工程，也是一项普惠工程。随着人工智能、大数据、5G等信息技术的快速发展，数字化技术和普惠金融服务不断结合，共同推进农村地区移动支付的发展。移动支付能够帮助到更多的人，不断缩小地区发展的不平衡。

（第三部分）

移动支付描绘乡村振兴未来新篇章。当前，中国坚持从总体设计上加强组织管理、从落实方式上加强互相合作、从实际需求上加强服务创新、从环境建设上加强鼓励帮助，充分利用移动支付探索乡村振兴之路，为乡村振兴工作铺就新的发展道路。

第八章　机器视觉

二、词语储备

练习2.（1）变焦是改变镜头的焦距来改变拍摄的视角，也就是通常所说的把被拍摄物体拉近或推远。

（2）光线既然不能完美汇聚，也就不可能产生清楚的成像。

（3）ISO在工业机器视觉领域换了个名字，叫作"gain"，这个参数一般没人调它，也不用调。

四、听说训练

5G时代下的智能网联汽车

2022年7月27日，华为召开HarmonyOS 3和华为新品发布会，HarmonyOS 3正式发布。

（第一部分）

鸿蒙系统和之前系统的不同在于它是一款新的面向全场景的分布式操作系统，创造了一个超级虚拟终端互联的世界，把人、设备、场景有机地联系在一起，让用户能够在全场景中使用多种智能终端。其中分布式操作系统就是一组相互连接并能交换信息的计算机形成的一个网络。这些计算机之间可以相互通信，任何一台计算机上的用户可以共享网络上其他计算机的资源。所以鸿蒙系统实际上体现了"万物互联"的思想，这也是物联网发展的一个重要方向。

物联网最早出现在传媒领域，是信息科技产业的第三次革命。它指的是将互联网和物理设备连接起来，使这些设备能够通过网络和其他人通信和交互，并且可以远程监控。这项技术也在汽车领域得到了广泛应用，被称为"车联网"。

（第二部分）

作为物联网在汽车领域的典型应用，车联网利用新一代信息技术，将车、人、路、网、云连接在一起，实现数据连接和交互。其中，汽车是一个非常重要的节点，汽车的智能化程度直接影响到车联网的智能化水平。车联网的基本模型可以分为四个层级：感知层、连接层、控制层、应用层。汽车把感知层和应用层集合成一个整体。在5G网络环境中，连接层的数据交互会发生在车和车、车和路、车和云平台之间，管理层的数据存储、计算和处理会发生在云端以及边缘侧的控制处理平台上。

（第三部分）

目前，5G技术还没有实现大规模商用，车联网的标准也还没有被统一。连接层的数据交互只能发生在车辆自身，雷达、摄像头等设备搜集到的数据只能存储在车载数据中心，数据无法实时交互和传输，只能将车载数据中心和云端控制中心连接在一起，对数据进行延时处理。在5G技术环境下，汽车传感设备搜集到的数据和来自V2X的数据可以在车辆内部进行综合分析，为汽车判断行驶状态提供科学依据。这里的V代表车辆，X代表与车辆进行信息交互的对象。之后，车辆可以将行驶状态反馈给云控平台，根据周围环境做出最好的行驶决策。

智能网联汽车的发展有望进一步推动自动驾驶技术的发展，提高人们的开车和坐车体验，提高交通效率，让用户能够享受智能、舒适、安全和高效的乘车服务。随着技术的不断升级，相信我们的生活会变得更加方便。

（改编自中国友谊出版公司2021年9月出版的《5G+智能网联汽车：新基建浪潮下的汽车产业革命》，作者翁文祥、黄瑞、杨爱喜、陈锋）

第九章　未来电网

二、词语储备

练习2.（1）光能发电是利用半导体的光伏特效将光能直接转变为电能的一种技术。

（2）电容器是电力系统中广泛应用的一种设备。

（3）目前，超级电容大多用于高功率、低电容量的场合。

四、听说训练

智能电网

（第一部分）

中国技术上可开发的风能和太阳能潜力巨大，无论东部还是西部，完全可以满足在中国实现"碳中和"的需要。但风能和太阳能的间歇性、多变性和不确定性使风、光机组在电网中很难单独运行，需要采取一些灵活性措施——包括储能、响应于动态电价的电力需求响应、电动汽车以及扩大了功率调节范围的火电机组，为此需要一个能集成这一切的智能电网。

智能电网的特点是电力和信息的双向流动性，以便建立一个高度自动化和广泛分布的能量交换网络。为了实时地交换信息和达到设备层次上近乎瞬时的供需平衡，需要把通信的优势引入电网。

（第二部分）

智能电网将加强电力交换系统的方方面面，包括发电、输电、配电和用电等，它将：

1）提供大范围的态势感知，可以减轻电网的阻塞和瓶颈，缩小乃至防止大停电；

2）使电力公司可通过双向的可见性，倡导、鼓励和支持消费者参与电力市场和提供需求响应；

3）为电网运行人员提供更好"粒度"的系统可观性，使他们能够优化潮流控制，降低网损，提高电能质量，并使电网具有自愈和事故后快速恢复的能力；

4）大量集成和使用分布式发电特别是可再生清洁能源发电；

5）为消费者提供机会，使他们能以前所未有的程度积极参与能源选择。

（第三部分）

设想中的智能电网将像互联网那样具有颠覆性，它将改变人们的生活和工作方式，并激励类似的变革，其关键目标是像互联网一样催生新技术和商业模式，实现产业革命！

智能电网将把工业界最好的技术和理念应用于电网，以加速智能电网的实现，如开放式的体系结构、互联网协议、即插即用、共同的技术标准、非专用化和互操作性等。

智能电网所面临的挑战是极其广泛的，涉及许多技术、体制和社会问题，电网变迁的过程必将改变整个行业的业务模型，需要人们转变传统的电网理念。

（改编自《Engineering》2015年第4期文章《Basic Ideas of the Smart Grid》，作者余贻鑫，刘艳丽，秦超；《中国电机工程学报》2019年第34期《智能电网述评》，作者余贻鑫，栾文鹏。）

第十章　知量子　探世界

二、词语储备

练习2.（1）"量子"是微观世界中物质的运动形式。

（2）大肠杆菌大概只有1微米。

（3）传统计算机主要由主机、键盘、显示器构成。

四、听说训练

经典力学与量子力学的区别

（第一部分）

经典力学的基本定律是牛顿运动定律，也可以说是和牛顿定律有关且可以相互类推的其他力学原理。它是20世纪以前的力学,经典力学有两个基本假定:第一个是假定时间和空间是不变的,不受观测者运动状态的影响,因此在测量长度和时间间隔时,其结果也不会受到观测者运动的影响。同时,物质间相互作用时,信息传递的速度是瞬间完成的;第二个是一切可观测的物理量都可以用科学方法准确地测量该物理量的大小。

19世纪末,人们发现用经典理论解释微观世界是一件很难的事情,于是在20世纪初,在物理学家的努力下,量子力学诞生,解释了这些现象。量子力学让人们对物质结构有了新的理解。

量子力学是物理学的一个理论,研究物质世界微观粒子运动规律,它和相对论是现代物理学的理论基础。

(第二部分)

量子力学与经典力学的区别主要有:

1. 经典物理几乎是独立地处理粒子的运动以及粒子群或者场的波动,但是量子力学必须统一处理粒子和波动;

2. 经典物理认为粒子与波动是两个层次的东西,量子力学却认为两者是一个整体,这就是著名的"波粒二象性";

3. 经典力学是对宏观物体和低速物体进行的力学研究,量子力学是对微观物体和高速物体的力学研究。

4. 经典力学认为能量有连续性的特点,但量子力学则认为物质和能量都是一份一份的,有最小的单位,因而具有不连续性。经典力学有确定性的特点,但量子力学则认为人们无法同时精确地测量物质的多个参数,如果我们尝试测量一个参数的精确值,就必须牺牲其他参数的精确度。例如,我们可以精确地测量物体的速度,但同时就无法精确地测量它的位置。经典力学有因果性的特点。量子力学则认为即使知道所有参数,所得到的也只是个大概的结果。

总的来说,经典力学的性质可概括为连续性、确定性、因果性。量子力学可概括为不连续性、不确定性、非因果性。

(第三部分)

形象点儿来说,经典物理认为这个世界是"和谐"的,宇宙是有规律的,知道一个时刻的参数,就可以知道未来发生的事情,存在客观的物质世界。量子物理就不一样,它认为这个世界是"自由"的。宇宙充满了不确定性,你无法准确知道物质的所有参数。物质不能由物理定律来决定,不存在绝对的客观世界。

(改编自清华大学出版社2019年9月出版的《量子计算机穿越未来世界》,作者李联宁)

第十一章　星载原子钟

一、词语储备

练习 2.（1）跟着导航走，就能到达目的地。

（2）时间就是无线电信号从卫星至接收机所用的传播时间。

（3）微波能量的频率在一个很窄的频率范围内波动。

四、听说训练

北斗卫星导航系统

（第一部分）

现在全球有四个主要的卫星导航系统。它们分别是美国的 GPS、欧洲的 Galileo（伽利略）、俄罗斯的 GLONASS（格洛纳斯）和中国的北斗卫星导航系统。北斗卫星导航系统（英文名称：BeiDou navigation satellite system，缩写为 BDS）是中国自主研制的全球卫星导航系统，也是在 GPS、GLONASS 之后的第三个成熟的卫星导航系统。

北斗卫星导航系统的标志中，最突出的元素是北斗星和司南。北斗星是古代的人们用来分辨方位的依据。司南是中国古代四大发明之一，是世界上最早的导航装置。北斗星和司南的结合既体现了中国古代的科学技术成就，又象征着卫星导航系统的特点，将卫星与地球融为一体，为人们提供定位、导航、授时服务。同时还寓意着中国自主卫星导航系统的名字——北斗。

（第二部分）

北斗卫星导航系统由空间段的导航卫星、地面段的地面台站和用户段的用户定位设备组成。导航卫星由 5 颗静止轨道卫星和 30 颗非静止轨道卫星组成，提供开放服务和授权服务两种模式。开放服务提供免费的定位、测速和授时服务，授权服务提供更加安全精确的定位、测速和授时服务。

地面台站主要是跟踪、测量和预报卫星轨道并对卫星上设备工作进行控制管理，通常包括跟踪站、遥测站、计算中心、注入站及时间统一系统等几个部分。

用户定位设备通常由接收机、定时器、数据预处理器、计算机和显示器等组成。导航卫星装有专用的无线电导航设备，用户接收导航卫星发来的无线电信号，根据卫星发送的时间、轨道参数，算出在定位瞬间卫星的实时位置坐标，从而确定用户的地理位置坐标（二维或三维坐标）。

北斗系统已经由多颗导航卫星构成了导航卫星网，具有全球和近地空间的立体覆盖能力，可以实现全球无线电导航，具有实时导航、快速定位、精确授时、位置报告和短报文通信服务五大功能。北斗系统的建设实践，实现了在区域快速形成服务能力、逐步扩展为全球服务的发展路径，丰富了世界卫星导航事业的发展模式。

（改编自：北斗卫星导航系统网站 2017 年 8 月 3 日文章《一层一层剥开你的心——卫星导航原子钟》；百度百科词条"北斗卫星导航系统"）

第十二章 神秘半导体

二、词语储备

练习 2.（1）为了达到显示同步的良好效果，技术团队按照最好的显示效果设计播放控制系统，共设计了 7 组 8K 播放服务器和 6 组视频拼接器，实现多个播放器视频输出同步。

（2）碳化硅 MOSFET 模组提升了特斯拉逆变器的效率，并且降低了传导和开关的损耗，实现了续航能力的提升。

（3）这些变化都将扩大宽禁带半导体的市场空间，例如在电动汽车、充电桩和充电器领域等。

四、听说训练

宽禁带半导体：碳中和新赛道

（第一部分）

特斯拉在 Model 3 中使用了意法半导体生产的碳化硅 MOSFET，开启了碳化硅的新道路。碳化硅 MOSFET 模组让特斯拉的逆变器效率从 Model S 的 82% 提升到 Model 3 的 90%。

宽禁带半导体具有高频、高效、高功率等优点，通过效率优势来提升节能优势是宽禁带半导体的目标。不仅是半导体行业，各个行业都希望提升能源的利用效率和转换效率，从而为保护环境贡献出自己的力量。

（第二部分）

由于具有动态参数小、效率高、损耗小等优势，宽禁带半导体推动了节能减排，将对碳中和起到重要的推进作用。具体看来，宽禁带半导体满足电力电子、光电子和微波射频等领域的节能需求。在电力电子领域，碳化硅功率器件与硅器件相比可降低 50% 以上的能源损耗，减少 75% 以上的设备装置，有效提升能源转换效率。

全球市场都在关注宽禁带半导体低功耗、高效能的特点。在供应侧，许多企业都为市场输送碳化硅、氮化镓的二极管、晶体管和功率模块，并将它们应用在控制、驱动、电池等各种电力系统中。在产品侧，许多消费者都对宽禁带半导体有所了解。碳化硅 MOSFET 模组提升了特斯拉逆变器的效率，并且降低了传导和开关的损耗，实现了续航能力的提升。

2020 年 2 月，小米有一款 65W 氮化镓充电器产品，能够为 Type-C 接口的电脑和手机充电。该充电器一上市就全部售空，关注的人数超过 10 万，这促进了氮化镓在消费市场的普及。

（第三部分）

碳中和的目标既促进了新能源汽车等产业的发展，也对能源消耗高的情况提出了要求，同时推动了轨道交通等行业的转变。这些变化都将扩大宽禁带半导体的市场空间，例如在电动汽车、充电桩和充电器领域等。

减少汽车行业碳排放是实现"双碳"目标的一种重要途径，新能源汽车在减少碳排放方面将会有更大的发展空间。碳化硅能够为新能源汽车提供能源转换率更高、体积更小、重量更轻的电机控制器，这样就可以降低整辆车的重量并降低能耗。

在特斯拉之后，越来越多的汽车企业在电动车型中搭载或计划搭载碳化硅模块。有机构预计到2025年，新能源汽车和充电桩领域的碳化硅市场规模将达到碳化硅市场总规模的70%。

轨道交通正在向数字化控制方向发展，碳化硅能够为轨道交通提供更加稳定可控的电子核心器件。碳化硅功率器件已经在轨道交通的牵引逆变器中获得了应用和验证，具有一定的应用市场。

第十三章　公共卫生危机处理

二、词语储备

练习2.（1）大自然中有很多微生物。

（2）每个小孩自出生就要接种疫苗。

（3）这种物质结晶很漂亮。

四、听说训练

口罩虽小，学问却大

在公共卫生危机处理中，需要采取多种预防和控制疾病传播的措施，戴口罩是其中一种重要的手段。但是有很多人在戴口罩的时候搞不清正反面，那到底该如何区分呢？

（第一部分）

首先，可以通过金属条区分，医用口罩的颜色基本相同，一般金属条在上方并且向外面凸出的一面是外面，相反的一面则是里面；第二点，通过折痕来区分，折痕向上的一侧是里面，反之则是外面；第三点，通过线头区分，带线头的那一面是外面，反之，没有线头的那一面是反面；第四点，口罩的正反面颜色一般是不同的，外面那一层一般是浅蓝色或者深颜色，里面那一层一般是白色；最后，通过面料区分，根据光滑程度来看，口罩朝外的部分因为阻隔水，是比较光滑的，朝内的部分由比较透气的网状组织制作而成，是比较粗糙的。

（第二部分）

如果搞明白口罩的正反面后，就直接将两端的绳子挂在耳朵上，这样就可以了吗？

不，正确地佩戴口罩，需要用双手紧压鼻梁两侧的金属条，使口罩上端紧贴鼻梁。然后向下拉伸口罩，使口罩不留褶皱，更好地覆盖鼻子、嘴巴。只有这样，才能够很好地发挥防护作用。

（第三部分）

戴口罩是一种可以明显降低病毒传染率的行为，那么口罩到底是由什么材料制作而成的呢？医疗口罩一般都是三层（无纺布）结构，里外两层是由专业用于医疗卫生的纺黏无纺布制作，中间增加了一层过滤防菌率达99.999%以上的熔喷无纺布，通过超声波焊接而成。纺黏无纺布，是非纺织的布，是由纤维构成的。中间的熔喷无纺布材料发挥着阻隔病菌的关键作用。它的主要材料是聚丙烯，是一种超细静电纤维布，可以吸附粉尘（含有肺炎病毒的飞沫靠近熔喷无纺布后，会被静电吸附在无纺布表面，无法透过）。在冬天的时候，我们会见到一些戴着棉质口罩的人，但其实他们的棉质口罩几乎无法阻隔病毒。并不是所有的材料都可以用来制作阻隔病毒的口罩，只有特定的材料才可以。

戴口罩还可以提醒人们保持社交距离，尽可能减少聚集和接触，避免交叉感染。因此，在公共卫生紧急情况下，戴口罩是必不可少的一个环节，可以有效保护自己和他人。

（改编自搜狐网2023年6月14日文章《医用口罩和工业口罩有什么区别，医用口罩能防尘吗？》，作者泰治医疗）

第十四章　饮食中的学问

二、词语储备

练习2.（1）植物需要通过光合作用产生养分。

（2）运动可以帮助燃烧脂肪。

（3）这片水稻的产量很高。

四、听说训练

茶

（第一部分）

茶作为中国的传统饮品，已经有数千年的历史。随着时代的发展和科技的进步，茶的生产和制造也进行了诸多创新。

首先，茶叶的采摘技术已经得到了显著的提升。传统的采茶方式是手工采摘，不仅速度慢，而且效率低下。现在采茶机器人已经逐渐普及，只需要一名操作员就可以完成数十名工人的采茶任务。这些机器人不仅能够提高采茶的效率，还能够准确判断采摘时间，保证茶叶的鲜度和品质。

（第二部分）

其次，茶叶的加工技术也得到了很大的提升。传统的炒茶技术需要手工操作，费时费力，而且容易出现质量问题。现在有了机械炒茶机，可以自动完成炒茶的过程，并且可以根据茶叶的不同品种和加工要求进行自动调节。这不仅节省了人力成本，而且保证了茶叶的质量和口感。茶叶经过采摘加工之后就可以品尝了，那大家知道茶叶里的主要成分是什么吗？

（第三部分）

　　茶多酚是茶叶的主要成分，它被认为是茶叶中对健康最有益的成分。茶多酚主要成分为儿茶素、表儿茶素等。这些化合物具有抗氧化、抗炎、抑制癌症等多种功效。此外，茶叶中还含有咖啡因、氨基酸、矿物质和维生素等多种成分。茶的口感质量和其化学成分密切相关。例如，不同种类的茶叶具有不同的茶多酚组成和含量，这决定了其不同的色泽和味道；茶叶的发酵程度也会影响茶叶的化学成分，从而影响其口感和健康价值。因此，对茶叶的加工工艺和储存条件的把控都对茶叶的品质和健康方面的价值至关重要。

第十五章　化学元素

二、词语储备

练习2.（1）屠呦呦针对提纯产物和改进提炼手段的问题，改变了原来的方法，重新设定了研究方向。
　　　（2）如果微量元素摄入过量、不平衡或缺乏都会不同程度地引起人体生理的异常或引发疾病。
　　　（3）氢气还非常环保，燃烧后只会生成水，不会产生污染物。
　　　（4）青蒿素这一新化合物的独特化学结构，为新药物的合成和设计指明了方向。

小小青蒿，大大能量

（第一部分）

　　青蒿素的研究并不是一帆风顺的。屠呦呦开始进行研究时，大量阅读、整理相关的中国古代著作，去过很多地方访问知名中医，用两百多种中药进行实验，但是效果都不理想，其中就包括青蒿。屠呦呦继续阅读中国古代著作，最终从东晋葛洪的《肘后备急方》中得到启发，经过思考，屠呦呦针对提纯产物和改进提炼手段的问题，改进了原来的方法，重新设定了研究方向，和她的团队通过使用低沸点溶剂的提取方法，经历了一百多次的失败以后，最终在1972年成功提取有效治疗疟疾的化合物，并把它叫作"青蒿素"。之后，屠呦呦和她的团队继续进行深入的研究，经过大量试验，使青蒿素成为一种新的治疗疟疾的有效药。

（第二部分）

　　青蒿素是一种分子式为 $C_{15}H_{22}O_5$ 的无色结晶体，也是一种熔点为156～157℃的活性成分，一个青蒿素分子是由15个碳原子、22个氢原子和5个氧原子构成的，它含有过氧链和脂基、醚键等官能团，其化学性质不稳定，遇见光或者受到高温的影响时容易分解。发现青蒿素这一新化合物的独特化学结构，为新药物的合成和设计指明了方向，为进一步寻找新药物提供了帮助。

科学研究一直在进步，屠呦呦在使用乙醚提取青蒿素之后，又不断研究其衍生物，并成功改良为双氢青蒿素，其化学式为 $C_{15}H_{24}O_5$，这使临床疗效提高了 10 倍。双氢青蒿素的主要性质为：白色，结晶，无臭，味苦；在氯仿和丙酮中容易溶解，在甲醇或乙醇中略微溶解，在水中几乎不会溶解；其熔点为 144~149°C。

提起青蒿素的研究成果，屠呦呦总是强调是当年团队一起努力的结果，但是实际上，在刚开始进行研究的时候，屠呦呦工作组只有屠呦呦和两名从事化学工作的研究人员，后来才逐步成为多学科团队。现在，屠呦呦和她的研发团队不断成长，越来越多相关专业的人才加入到研究当中，继续为人类治疗疟疾的事业做贡献。

［改编自央视网《大家》2017 年 3 月 15 日视频——《屠呦呦一株小草的力量（上）》］